여행 영어의 결정적 패턴들

서영조

한국외국어대학교 영어과, 동국대학교 대학원 연극영화과를 졸업했다.
영어 교재 출판 분야에서 유익한 영어 학습 콘텐츠를 개발해 왔고, 전문 번역가로서
영어권 도서들과 부산국제영화제를 비롯한 여러 영화제 출품작들을 번역하고 있다.
저서로 《거의 모든 행동 표현의 영어》, 《영어 회화의 결정적 단어들》,
《영어 문장의 결정적 패턴들》, 《디즈니 OST 잉글리시》,
《디즈니 주니어 잉글리시 - 겨울왕국》, 《디즈니 주니어 잉글리시 - 토이 스토리 4》,
《디즈니 영어 명대사 따라 쓰기》 등이 있고, 번역서로 《브레인 룰스》, 《조이풀》,
《철학을 권하다》, 《일생에 한 번은 가고 싶은 여행지 500》 등이 있다.

여행 영어의 결정적 패턴들

지은이 서영조
초판 1쇄 발행 2022년 5월 4일
초판 3쇄 발행 2024년 7월 1일

발행인 박효상　**편집장** 김현　**기획 · 편집** 장경희, 이한경　**디자인** 임정현
본문 · 표지디자인 고희선
마케팅 이태호, 이전희　**관리** 김태옥

종이 월드페이퍼　**인쇄 · 제본** 예림인쇄 · 바인딩

출판등록 제10-1835호　**발행처** 사람in　**주소** 04034 서울시 마포구 양화로 11길 14-10 (서교동) 3F
전화 02) 338-3555(代)　**팩스** 02) 338-3545　**E-mail** saramin@netsgo.com
Website www.saramin.com

ISBN
978-89-6049-946-1 14740
978-89-6049-783-2 세트

우아한 지적만보, 기민한 실사구시 사람in

영어의
결정적
시리즈

여행 영어의 결정적 패턴들

서영조 저

사람in

PART 1
여행 영어의 결정적 패턴들

해외여행 중에 여행자들이 영어로 말할 때 꼭 한 번은 쓰게 되는 영어 패턴 22개를 엄선하여 소개합니다. 22개 패턴이 여러 상황과 장소에서 어떻게 활용되는지 다양한 예문을 통해 보여 줍니다. 이 패턴들은 이어지는 PART 2의 여행에서 만날 대표적인 상황들에 따라 다양한 문장들로 다시 만날 것입니다.

원어민의 정확한 발음으로
문장을 확인하세요.

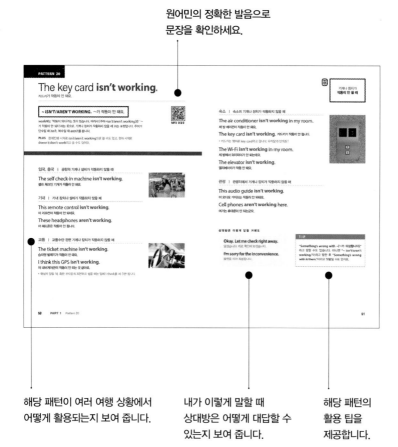

해당 패턴이 여러 여행 상황에서
어떻게 활용되는지 보여 줍니다.

내가 이렇게 말할 때
상대방은 어떻게 대답할 수
있는지 보여 줍니다.

해당 패턴의
활용 팁을
제공합니다.

PART 2
여행 영어의 결정적 상황들

여행자들이 해외여행지에서 만나게 될 대표적인 상황을 10가지로 나누어 각 상황에서 알고 있어야 할 활용도 120% 문장들과 유용한 여행 정보들을 제시합니다. 여기서 소개하는 문장들은 PART 1에서 학습한 22개 패턴들을 활용한 것들로, 익혀 두면 자신 있게 해외여행을 떠날 수 있을 것입니다. 또한 함께 소개하는 생생한 여행 정보, 영어 표지판, 팁, 앱 정보 들은 해외여행에 든든한 가이드가 되어 줄 것입니다.

알아 두면 여행이 편리하고 풍요로워지는 유용한 여행 정보를 소개합니다.

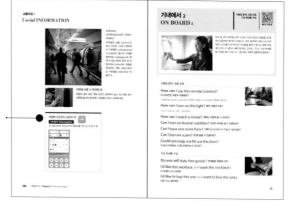

편리한 여행에 도움이 되는 스마트폰 애플리케이션을 소개합니다.

해당 상황에서 자주 쓰게 될 문장들을 세부 상황과 장소에 따라 소개합니다.

여행 중에 만나게 될 영어 표지판의 의미를 이미지와 함께 소개합니다.

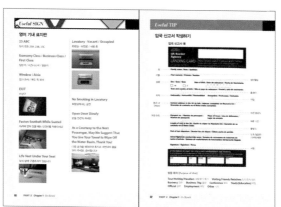

입국 신고서 작성법, 다양한 숙소 유형, 추천 박물관과 미술관, 음식 관련 영단어 등 여행지에서 활용할 수 있는 생생한 팁들을 소개합니다.

5

CASE 1
"출발 전에 시간은 별로 없는데 영어는 해결해야 해!"

해외여행을 가면 패키지여행이 아닌 한 영어로 말해야 하는 상황이 반드시 생깁니다. 그러니 해외여행을 가려면 영어를 조금은 할 수 있어야 합니다. 불행 중(?) 다행인 것은 여행지에서 쓰는 영어는 길고 복잡한 영어가 아니라는 점입니다. 흔히 말하는 '서바이벌' 영어면 됩니다. 뜻이 통하면 되지요.

여행 출발일은 다가오고, 영어는 달리고, 영어 공부할 시간은 없고. 그런 여러분의 고민을 이 책이 해결해 드립니다. 이 책의 PART 2 '여행 영어의 결정적 상황들'에 나오는 영어 문장들을 집중 공략하세요. 개성 강한 자기만의 여행을 추구하는 여행자들이라도 피해 갈 수 없는 상황에서 반드시 쓰게 되는 문장들을 담았습니다.

눈으로만 읽는 것은 No! 원어민이 녹음한 문장들을 들으며 따라 읽으세요. 노래를 계속 듣다 보면 어느 순간 흥얼거리게 되듯, 영어 문장도 계속 듣다 보면 어느 순간 그 문장이 머릿속에 떠오르고 입 밖으로 나오게 됩니다. 그렇게 말하기가 시작됩니다.

문장을 다 외우지 못해도 괜찮습니다. 이 책을 여행지에 들고 가서 상황에 따라 해당 부분을 펼쳐서 해당 문장을 보고 말하면 됩니다.

CASE 2
"여행 가기로 한 김에 영어 공부 한 번 제대로 해 볼래!"

적지 않은 사람들이 영어 공부의 목표와 이유로 해외여행을 꼽습니다. 여행 가이드나 다른 사람의 도움 없이 여행 중에 필요한 일들을 직접 영어로 처리하고, 현지인이나 다른 여행자들과 자유롭게 대화도 하며 여행을 즐기고 싶기 때문입니다.

여행을 떠나기까지 시간 여유가 있고, 여행을 준비하며 영어 공부도 제대로 하고 싶으신가요? 그래서 언어적으로 자유로운 해외여행을 하고 싶으신가요? 그런 분들은 이 책의 PART 1부터 PART 2까지 순서대로 학습하세요.

PART 1에서는 여행 영어 필수 패턴 22개를 학습하고, PART 2에서는 그 패턴들을 활용한 여행 상황별 필수 영어 문장들을 학습합니다. 따라서 PART 1과 PART 2를 모두 학습하고 나면 22개 패턴과 그 패턴들을 활용한 영어 문장들을 확실하게 익힐 수 있습니다.

PART 2에서는 실제 여행을 출국에서부터 귀국까지 그대로 재현한 구성을 통해 다양한 상황에서 필요한 영어 문장들을 익히게 하면서, 동시에 생생한 여행 정보, 각종 영어 표지판, 여행 팁, 유용한 여행 애플리케이션들도 소개하여 '영어 학습서'와 '여행 정보서'의 절묘한 균형을 맞췄습니다. 이 책 한 권이면 여행 영어 회화와 여행 정보라는 두 가지 필요를 완벽하게 충족시킬 수 있을 것입니다.

PART 1 여행 영어의 결정적 패턴들

PART 2 여행 영어의 결정적 상황들

PART 1

여행 영어의
결정적 패턴들

이것만 미리 알고 가자!

Apple juice, **please**.
사과 주스 주세요.

> **~, PLEASE. ~ 주세요.**

앞에 원하는 것을 쓰고 뒤에 please를 쓰면 '~ 주세요'라는 뜻이 됩니다. 간단하게 원하는
것을 나타낼 수 있는 표현이죠. 여행을 하면서 매우 다양한 상황에서 쓸 수 있으니 잘 알아
두고 활용하세요.

PLUS No ~. please.라고 앞에 No를 쓰면 '~는 주지 마세요'라는 뜻.

MP3 001

기내 | 기내식이나 음료 요청할 때

Beef, **please**. 소고기로 주세요.

Orange juice, **please**. 오렌지주스 주세요.

교통 | 행선지 말할 때나 표 구입할 때

The Hyatt Hotel, **please**. 하얏트 호텔 가 주세요.

Two round-trip tickets, **please**. 왕복표 두 장 주세요.

숙소 | 체크인할 때나 원하는 방 요청할 때

Check in, **please**. 체크인할게요.

River view, **please**. 강이 보이는 방으로 주세요.

관광 | 표 구입할 때

Two adults and two children, **please**.
어른 두 명에 아이 두 명이요.

One ticket for *Mamma Mia*, **please**.
〈맘마미아〉 한 장 주세요.

식당 | 음식 주문할 때

Pasta Carbonara, **please**. 카르보나라 파스타 주세요.
No coriander, **please**. 고수는 빼고 주세요.
Bill, **please**. 계산서 주세요.

쇼핑 | 물건 구입할 때

This one, **please**. 이걸로 주세요.
Two of those, **please**. 저것 두 개 주세요.

출국 | 좌석 요청할 때

Aisle seat, **please**. 복도 쪽 좌석 주세요.
Front seat, **please**. 앞쪽 좌석으로 주세요.

이런 말을 들을 때 써요

Aisle seat, or window seat?
복도 쪽 자리요, 창가 자리요?

Beef or fish?
쇠고기로 하실래요, 생선으로 하실래요?

What would you like?
뭘로 하실래요?

Where do you wanna go?
어디로 가실래요? (택시를 탔을 때)

Which one do you like?
어느 게 마음에 드세요?

* 상대방이 이런 말을 하지 않더라도 원하는 것이 있
  을 때 ~, please.라고 먼저 말할 수 있습니다.

TIP

간단하게 써요!

~, please.는 I'll have ~.나 I want ~, I'd like to ~,
Can I have ~? 등으로 쓸 수도 있습니다. 하지만 간
단하게 ~ please.라고 하면 내가 말하기도 편하고 상
대방이 알아듣기도 편합니다. 가능한 한 간결하게 말
하는 것이 원활한 의사소통을 위해 더 좋아요.

15

I'm here for sightseeing.
(저는) 관광차 왔습니다.

I'M ~. 저는 ~.

[I am ~.]이라는 표현을 모르는 사람은 없겠죠? '나는/저는 ~'이라고 자신에 대해 설명할 때 쓸 수 있는 표현입니다. 공항에서 입국 심사를 받을 때, 여행지에서 처음 만난 사람들에게 자신을 소개할 때, 그 외에 자신의 상태나 기분 등에 대해 이야기할 때 쓸 수 있는 표현입니다.

PLUS '우리'에 대해 이야기할 때는 We're ~.

MP3 002

입국 | 입국 심사 받을 때 방문 목적이나 직업 말하기

I'm here for sightseeing. 관광차 왔어요.

* I'm here은 생략하고 간단하게 For ~, On ~이하만 말해도 OK!

I'm here on business. 일 때문에 왔습니다.

I'm here to visit my family. 가족을 만나러 왔어요.

I'm an office worker. 회사원이에요.

* I'm a/an/from 등은 생략하고 간단하게 뒤의 핵심 단어만 말해도 OK!

I'm a housewife. 주부입니다.

거리, 숙소 | 외국인과 대화하며 자기소개 할 때

I'm from Korea. 저는 한국에서 왔어요.

I'm here on vacation. 저는 휴가를 보내러 왔어요.

I'm with my mother. 저는 엄마랑 함께 왔어요.

식당 | 음식과 관련하여 자신의 상태를 이야기할 때

I'm really hungry now. 나 지금 정말 배고파.

I'm allergic to dairy food. 유제품에 알레르기가 있어요.

I'm done. 다 먹었어요.

나는 ~하러 왔어요.
나는 ~에서 왔어요.
나는 ~예요.

쇼핑 | 자신의 사이즈를 이야기할 때

I'm size 12. 저는 12사이즈예요.

I'm large. 저는 라지 사이즈예요.

위급 | 자신의 상황을 설명할 때

I think I'm lost. 제가 길을 잃은 것 같은데요.

이런 말을 들을 때 써요

What's the purpose of your visit?
방문 목적이 무엇인가요?

What do you do for a living?
무슨 일을 하세요? (직업이 뭔가요?)

What's your job?
직업이 뭔가요?

Where are you from?
어디서 오셨나요?

What's your size?
사이즈가 어떻게 되세요?

TIP

자기소개 하기

여행지에서 현지인이나 다른 여행자를 만나 자기소개를 해야 할 때가 있습니다. 그럴 때는 간단하게 국적, 직업, 상황(여행 중인지 출장인지 등) 등을 이야기하면 됩니다.

I'm from (South) Korea. 한국에서 왔어요.

I'm traveling by myself. 혼자 여행 중이에요.

I'm here on a business trip. 출장 왔어요.

I'm a college student. 대학생이에요.

I'm a book editor. 책 편집자예요.

This is my first time in the United States.
미국은 처음이에요.

Can I check in now?
지금 체크인할 수 있을까요?

CAN I ~? ~할 수 있을까요? / ~해 주실래요?

MP3 003

can은 '할 수 있다'라는 뜻이므로 [Can I+동사원형 ~?]이라고 쓰면 '(내가) ~할 수 있을까요?/~해도 될까요?/~해 주실래요?'라는 뜻이 됩니다. can이 조동사라서 뒤에는 동사원형을 씁니다. 내가 무언가를 해도 되는지, 상대방이 무언가 해 줄 수 있는지 묻는 표현입니다.

PLUS can은 may나 could로 바꿔 써도 OK. Could를 쓰면 좀 더 공손한 느낌!

기내 | 음식이나 물품을 부탁하거나 서비스 이용법을 물을 때

Can I have some water? 물 좀 주실래요?

Can I get a blanket? 담요 좀 주실래요?

Can I use the lavatory now? 지금 화장실을 이용할 수 있나요?

교통 | 교통수단 종류나 그 외의 가는 방법을 물을 때

Can I go to the Piccadilly Circus by bus?
피커딜리 서커스에 버스로 갈 수 있나요?

Can I walk to the museum? 그 박물관에 걸어서 갈 수 있나요?

숙소 | 체크인 가능 여부를 묻거나 물품이나 서비스를 요청할 때

Can I check in now? 지금 체크인할 수 있나요?

Can I get one more towel? 수건 하나 더 주실 수 있어요?

Can I leave my bags here until I check in?
체크인할 때까지 가방 좀 여기 둬도 될까요?

관광 | 관광지 이용법에 대해 물을 때

Can I go in there? 저기 들어가도 되나요?

해도 되는지
상대방이 무언가
해 줄 수 있는지

Can I take a picture of this place? 여기 사진 찍어도 되나요?
Can I cancel the ticket? 입장권 취소할 수 있나요?

식당 | 음식을 주문하거나 기타 서비스를 부탁하거나 문의할 때

Can I have mussel stew? 홍합 스튜 될까요?
Can I get an empty plate? 빈 접시 하나 주실 수 있을까요?

쇼핑 | 착용 가능 여부나 지불 방법, 교환/환불 가능 여부 등을 물을 때

Can I try this on? 이것 입어 봐도 되나요?
Can I get this duty-free? 이것 면세로 살 수 있을까요?
Can I pay by credit card? 신용카드로 계산할 수 있나요?

출국 | 원하는 좌석을 부탁하거나 무언가 가능한지 물을 때

Can I have a window seat? 창가 자리에 앉을 수 있을까요?
Can I take this (with me) on the plane?
이거 기내에 휴대 가능할까요?

상대방은 이렇게 답할 거예요

Sure. / Of course. 물론이죠.
No, you can't. / Sorry, but you can't. / No, it's not allowed to ~.
안 됩니다. / 죄송하지만 안 됩니다.
/ ~하는 건 금지돼 있습니다.
Let me check. 확인해 보겠습니다.

TIP
자주 말하는 패턴부터 익혀요!
get (받다, 얻다)
have (갖다, 받다, 얻다, 먹다)
Can I **take** (받다, 얻다) ~?
go (가다)
try (해 보다)

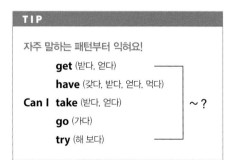

Could you show me the way to the subway station?

지하철역으로 가는 길 좀 알려 주실래요?

COULD YOU ~? ~해 주실 수 있겠어요? / ~해 주실래요?

[Could you+동사원형 ~?]은 상대방에게 어떤 일을 해 줄 수 있겠느냐고 묻거나 부탁하는 표현입니다. could가 조동사이므로(can의 과거형) 뒤에 동사원형을 씁니다. [Could you please+동사원형 ~?]으로 쓰면 좀 더 공손한 표현이 됩니다.

PLUS Can you ~?로 말할 수도 있지만 부탁하는 표현으로는 Could you ~?가 더 적절합니다. 하지만 Could you ~?는 모두 Can you ~?로 말해도 괜찮습니다.

MP3 004

입국, 출국 | 짐을 찾아 달라는 등 무언가 부탁할 때

Could you help me find my bag?
제 가방 찾는 것 좀 도와주실 수 있나요?

기내 | 승무원이나 다른 승객에게 무언가 부탁할 때

Could you help me stow this bag?
짐 올리는 것 좀 도와주실래요?

* 이런 경우 실제 상황에서는 Could you help me?나 Could you?까지만 말해도 상대가 이해합니다.

Could you help me fill this out?
이거 작성하는 것 좀 도와주실 수 있겠어요?

* fill ~ out : (서류, 양식)을 작성하다

Could you close the window shade?
창 좀 닫아 주실래요?

Could you please pull up the back of your seat?
좌석 등받이 좀 올려 주실래요?

교통 | 택시 기사 등에게 무언가 부탁할 때

Could you drop me off at the square?
광장에서 내려 주실래요?

숙소 | 숙소에 무언가 부탁할 때

Could you check the air conditioner?
에어컨 좀 점검해 주실래요?

Could you send someone up here?
누구 좀 여기로 올려 보내 주실 수 있나요?

거리 | 거리에서 길을 묻거나 무언가 부탁할 때

Could you show me the way to the subway station? 지하철역으로 가는 길 좀 알려 주실래요?

Could you tell me how to get to Grand Central Terminal? 그랜드 센트럴 터미널로 가는 방법 좀 알려 주실 수 있겠어요?

관광 | 관광지에서 무언가 부탁하거나 물어볼 때

Could you take a picture of us? 저희 사진 좀 찍어 주실래요?

Could you recommend any seafood restaurants?
해산물 식당 좀 추천해 주시겠어요?

Could you tell me where I can buy souvenirs?
어디서 기념품을 살 수 있는지 알려 주실 수 있겠어요?

식당 | 식당에서 무언가 부탁할 때

Could you leave out the coriander?
고수 좀 빼 주실 수 있겠어요?

Could you bring me a new spoon?
새 숟가락 하나만 갖다 주실래요?

Could you refill this? 이것 리필해 주실 수 있나요?

Could you wrap this up? 이거 포장해 주실 수 있나요?

쇼핑 | 상점에서 무언가 부탁하거나 물어볼 때

Could you find this dress for me?
이 원피스 좀 찾아 주실 수 있겠어요?

Could you give me a discount? 조금 할인해 주실 수 있을까요?

위급 | 위급 상황에서 주변 사람에게 무언가 부탁할 때

Could you please call the police?
경찰 좀 불러 주실 수 있겠어요?

Could you call an ambulance? 구급차 좀 불러 주실래요?

상 대 방 은 이 렇 게 답 할 거 예 요

Okay. / All right. / Sure. / I see.
알겠습니다.

→ 이렇게 말한 후 설명해 주거나 부탁한 일을 해 줄
거예요.

Let me check. 확인해 볼게요.

→ 상점이나 식당, 숙소, 관광지에서 문의한 내용을
확인해야 할 경우.

Where is the bus stop?
버스 정류장이 어디죠?

WHERE IS ~? ~가 어디죠?

where은 '어디에/어디로'라는 뜻으로, [Where is ~?]라고 하면 어떤 장소나 시설의 위치를 묻는 표현입니다. 여행지는 보통 낯선 곳이어서 어떤 것이 어디에 있는지 모르는 경우가 많으므로 이 표현을 자주 사용하게 됩니다.
처음 보는 사람에게 질문할 때는 먼저 Excuse me(실례합니다).라고 상대방의 주의를 환기시키는 게 좋습니다.

PLUS where 어디 when 언제 how 어떻게 why 왜

기내 | 좌석이나 기내 시설의 위치를 물을 때

Where is seat 32A? 32A 좌석이 어디죠?
Where is the toilet? 화장실이 어디인가요?

입국, 출국 | 공항 내 시설의 위치를 물을 때

Where is the baggage claim? 수하물 찾는 곳은 어디죠?
Where is the transit lounge? 환승객 라운지는 어디인가요?
Where is Gate 24? 24 탑승구가 어디인가요?

교통 | 교통수단을 타는 곳이나 매표소 위치를 물을 때

Where is the bus stop? 버스 정류장이 어디죠?
Where is the subway station? 지하철역이 어디죠?

거리 | 거리에서 어떤 곳의 위치를 물을 때

Where is the night market? 야시장이 어디인가요?
Where is the nearest pharmacy?
가장 가까운 약국은 어디인가요?

숙소 | 숙소 내 시설 위치를 물을 때

Where is the restaurant? 식당은 어디인가요?

Where is the laundry room? 세탁실은 어디죠?

관광 | 관광지 내 시설 위치를 물을 때

Where is the entrance of the park? 공원 입구가 어디인가요?

Where is the ticket office? 매표소는 어디죠?

Where is the restroom? 화장실은 어디인가요?

쇼핑 | 상점 내의 코너나 시설 위치를 물을 때

Where is the shoe section? 신발 코너는 어디인가요?

Where is the fitting room? 탈의실이 어디죠?

Where is the checkout counter? 계산대는 어디예요?

위급 | 경찰서나 교통수단 위치를 물을 때

Where is the nearest police station?
가장 가까운 경찰서가 어디죠?

Where is the nearest bus stop?
가장 가까운 버스 정거장이 어디죠?

모든 곳의
위치를 물을 때

상대방은 이렇게 답할 거예요

 It's right over there. 바로 저기 있어요.

Go straight about 500 meters.
똑바로 5백 미터쯤 가세요.

It's on the first floor. 1층에 있어요.

It's at the end of the second floor.
2층 끝에 있습니다.

It's on your right in the middle of the aircraft.
항공기 중앙 오른쪽에 있습니다.

Go around the corner and you'll see it right away.
모퉁이를 돌아가면 바로 보일 거예요.

It's on Regent Street.
리젠트 스트리트에 있어요.

TIP

위치를 나타내는 표현들

floor 층	the first floor 1층
the second floor 2층	the third floor 3층
the fourth floor 4층	the fifth floor 5층
the eleventh floor 11층	basement 지하(실)
entrance 입구	exit 비상구, 출구
right 오른쪽	left 왼쪽
over there 저쪽에	go straight 똑바로 가다
go around the corner 모퉁이를 돌아가다	
turn right 우회전하다	turn left 좌회전하다

How can I turn on the light?
불을 어떻게 켜죠?

HOW CAN I ~? 어떻게 ~할 수 있을까요?

how는 '어떻게'이므로, [How can I ~?]는 '(내가) 어떻게 ~할 수 있을까요?'란 뜻입니다. 어떤 일을 하는 방법이나 기기를 조작하는 방법을 물어보는 표현입니다.

PLUS How do I ~?라고 써도 됩니다.

기내 | 서비스나 비품 이용법을 물을 때

How can I turn on the light? 불을 어떻게 켜죠?

* turn on/off ~ : (가전제품을) 켜다/끄다

How can I use this remote control?
이 리모컨을 어떻게 사용하죠?

* remote control은 줄여서 remote라고 해도 됨

How can I watch a movie? 영화를 어떻게 볼 수 있죠?

교통 | 이동 방법을 물을 때

How can I go downtown? 시내에는 어떻게 가죠?

How can I go to the National Gallery?
내셔널 갤러리에는 어떻게 가죠?

How can I get to the market? 그 시장에는 어떻게 가죠?

* go to ~, get to ~ : ~에 가다

숙소 | 시설이나 서비스 이용법을 물을 때

How can I use Wi-Fi in my room?
객실에서 와이파이를 쓰려면 어떻게 하죠?

How can I open the window? 창문은 어떻게 열죠?

How can I use this washing machine?
이 세탁기는 어떻게 사용해요?

거리 | 길을 물을 때

How can I go to Broadway? 브로드웨이에는 어떻게 갈 수 있나요?

관광 | 관광지에서 이용법을 물을 때

How can I use this audio guide?
이 오디오 가이드는 어떻게 사용하죠?

How can I enter the museum?
박물관에는 어떻게 들어가나요?

식당 | 음식 먹는 법이나 시설 이용법을 물을 때

How can I eat this? 이건 어떻게 먹나요?

상대방은 이렇게 답할 거예요

Please press the light-shaped button.
전구 모양 버튼을 누르세요.

Take subway line No. 5.
지하철 5호선을 타세요.

You can go there by bus or by taxi.
거기는 버스나 택시로 갈 수 있어요.

Wear the headset and press the button.
헤드폰을 쓰고 버튼을 누르세요.

TIP

의문사 can I ~?

Where		어디서 ~할 수 있을까요?
How	can I ~?	어떻게 ~할 수 있을까요?
When		언제 ~할 수 있을까요?

I'm look**ing** for a pharmacy.
(저는 지금) 약국을 찾고 있는데요.

> **I'M -ING.** ～하고 있어요. / ～하려고요.

[be+동사-ing형]은 '～하고 있다/～하는 중이다'라는 뜻으로 지금 하고 있는 일을 나타냅니다. 아울러 '～하려고 하다/～할 예정이다'라고 가까운 미래에 하려는 일을 말할 때도 쓸 수 있습니다.

PLUS '～하려고 하다'라고 미래를 나타낼 때는 'I'm gong to+동사원형'이나 'I'll+동사원형'을 써도 됩니다.

MP3 007

입국 ㅣ 방문 목적이나 숙소, 환승 내용 등을 말할 때

I'm visit**ing** my sister. 언니를 방문하려고요.

I'm stay**ing** in the Big Foot Hostel.
빅풋 호스텔에 묵을 예정입니다.

I'm connect**ing** to British Air Flight 777.
브리티시에어 777편으로 갈아탈 거예요.

교통 ㅣ 목적지를 말할 때

I'm go**ing** to Kings Cross Station. 킹스 크로스 역에 가려고요.

숙소 ㅣ 숙박 일수와 체크아웃 예정을 말할 때

I'm stay**ing** for three days. 3일 묵으려고 합니다.

I'm check**ing** out tomorrow. 내일 체크아웃하려고요.

거리 ㅣ 현재 무엇을 하고 있거나 하려는지 말할 때

I'm look**ing** for a pharmacy. 약국을 찾고 있는데요.

I'm go**ing** to meet my American friend.
내 미국인 친구를 만나러 가고 있어요.

| (지금) ~하고 있어요. |
| (곧) ~하려고요. |

식당 | 주문 준비가 덜 되었다고 말할 때

Just a minute, please. I'm still thinking.
잠깐만요. 아직 생각 중이에요.

쇼핑 | 둘러보고 있다거나 무언가 사겠다고 말할 때

I'm just looking. 그냥 구경하는 거예요.
I'm taking this. 이것 살게요.

이런 말을 들을 때 써요

What's the purpose of your visit?
방문 목적이 뭔가요?

Where do you want to go?
어디 가시려고요?

How long are you staying?
얼마나 묵으실 예정인가요?

When will you check out?
언제 체크아웃하실 거예요?

What are you doing?
뭐 하고 계세요?

Where are you going?
어디 가세요?

What are you going to do?
뭐 하시려고요?

Have you decided?
결정하셨어요?

May I help you?
도와드릴까요?

TIP

'지금 ~하고 있다'라는 의미인지 '곧 ~하려고 하다'라는 의미인지는 대화의 맥락 속에서 이해할 수 있어요.

A : Where are you going?
어디 가요?

B : I'm going to the theater.
극장에 가는 중이에요. → 지금 가고 있다

A : What are you gonna do tonight?
오늘 밤에 뭐 할 거예요?

B : I'm watching a musical.
뮤지컬 볼 거예요. → 오늘 밤에 볼 것이다

I'll have a cream pasta.

크림 파스타로 할게요.

I'LL ~. ~할게요/할래요.

will은 미래를 나타내는 대표적인 조동사인데, 본인의 '의지'에 따라 미래에 그렇게 하겠다는 의미가 담겨 있습니다. 따라서 will 뒤에 동사원형을 쓰면 (미래에) '~할 것이다'라고 자신의 뜻에 따라 미래에 하려는 일을 나타낼 수 있습니다.

PLUS 'I'm going to[I'm gonna]+동사원형'으로 써도 됩니다.
단, I'll ~에 말하는 사람의 의지가 더 강하게 드러나지요.

MP3 008

기내 | 식사나 음료를 선택하거나 면세품을 구입할 때

I'll have beef and rice. 소고기 덮밥 먹을게요.

I'll buy two of these. 이거 두 개 살게요.

I'll pay by cash. 현금으로 낼게요.

입국, 출국 | 입국 심사 받을 때, 탑승 수속할 때

I'll stay at Forest Hostel. 포레스트 호스텔에 묵을 겁니다.

I'll check in this bag. 이 가방 부칠게요.

교통 | 행선지나 원하는 교통수단을 말할 때

I'll go to the Opera House. 오페라하우스에 갈게요.

I'll take the bus. I like looking out the window.
버스 탈래요. 창밖 내다보는 게 좋아요.

숙소 | 며칠 묵을지 말할 때

I'll stay for three nights. 3일 묵을 거예요.

식당 ㅣ 주문하려는 음식이나 음료를 말할 때

I'll have tomato pasta. 토마토 파스타 먹을게요.

I'll have beer. 맥주 마실게요.

쇼핑 ㅣ 구매 의사를 밝히거나 구매 방법을 말할 때

I'll take[buy] this. 이것 살게요.

I'll pay in cash. 현금으로 지불할게요.

이런 말을 들을 때 써요

Do you have anything to check in?
부칠 짐 있으세요?

Where will you go? 어디 가실 거예요?

How long will you stay?
며칠이나 묵으세요?

What do you want? 뭘 원하세요?

Have you decided? 결정하셨어요?

How will you pay? 어떻게 지불하시겠어요?

상대방은 이렇게 답할 거예요

Okay. / All right. / I got it. / I see.
알겠습니다.

TIP

I'm -ing

~하고 있다/~할 것[예정]이다
(현재 하고 있는 일/가까운 미래에 예정된 일)

Now I'm taking a walk in Hyde Park.
나는 지금 하이드파크에서 산책하고 있어.

I'm going to 동사원형

~할 것[예정]이다 (가까운 미래에 예정된 일)

**I'm going to visit the Van Gogh Museum
tomorrow.** 내일 반 고흐 박물관에 갈 예정이야.

I'll 동사원형

~할 것이다 (말하는 이의 의지가 강하게 느껴짐)

**I'll visit the Van Gogh Museum when I go to
the city.**
그 도시에 가면 반 고흐 박물관에 갈 거야.

I'd like a room with a river view.

강이 보이는 방으로 주세요.

I'D LIKE (TO) ~. ~을 주세요. / ~하고 싶어요.

I'd like는 I would like를 줄인 표현으로, I want와 의미가 거의 같습니다. 원하는 것을 말하는 표현이지요. [I'd like+명사]는 '~을 원해요/~을 주세요/~로 할게요'라는 뜻이고, [I'd like to+동사원형]은 '~하고 싶어요'라는 뜻입니다.

PLUS would like는 want보다 정중하고 부드러운 느낌이므로 여행지에서 처음 만나는 사람들에게는 would like를 쓰면 좋아요.

MP3 009

입국, 출국 | 원하는 좌석을 말하거나 면세 신고할 때

I'd like a window seat.
창가 좌석으로 주세요.

I'd like to declare this bag.
이 가방 신고하고 싶어요.

기내 | 원하는 서비스를 부탁하거나 면세품을 구입할 때

I'd like some coffee.
커피 좀 주세요.

I'd like to buy this perfume.
이 향수 사고 싶어요.

교통 | 원하는 교통편을 말하거나 차를 렌트할 때

I'd like to take the 5 p.m. train.
5시 기차 타고 싶어요.

I'd like to rent a compact car.
소형차를 빌리고 싶은데요.

숙소 | 체크인/체크아웃, 방 종류 등 원하는 것을 요청할 때

I'd like to check in.
체크인하고 싶어요.

I'd like a room with a river view.
강이 보이는 방으로 주세요.

I'd like to check out one hour late.
한 시간 늦게 체크아웃하고 싶습니다.

관광 | 관광지에서 하고 싶은 일을 말할 때

I'd like to join the night city tour.
야간 시티 투어에 참여하고 싶어요.

I'd like to book a museum guided tour.
박물관 가이드 투어를 예약하고 싶어요.

식당 | 식당을 예약하거나 먹고 싶은 음식이나 음료를 말할 때

I'd like to book a table.
좌석을 예약하고 싶은데요.

I'd like to change my reservation.
예약을 변경하고 싶습니다.

I'd like a cheese burger and coke.
치즈버거와 콜라 주세요.

I'd like to get this to go.
이거 포장해 주세요.

쇼핑 | 물건 구입/교환/환불 의사를 밝힐 때

I'd like to try this on.
이것 입어 보고 싶은데요.

I'd like to return this.
이거 반품하고 싶어요.

I'd like to report a theft. 도난 건을 신고하고 싶은데요.

I'd like to call the Korean embassy.
한국 대사관에 전화하고 싶습니다.

이런 말을 들을 때 써요

> ### What would you like?
> 뭘 원하세요?
>
> ### Which do you want?
> 어떤 것을 원하세요?
>
> ### What would you like to do?
> 뭘 하고 싶으세요?

상대방은 이렇게 답할 거예요

Okay. / All right. / I see.
알겠습니다.

I need to get off here.

여기서 내려야 해요.

> **I NEED (TO) ~.** ~가 필요해요. / ~해야 해요.

would like에 비해서 강하게 원하거나 필요한 것을 말할 때 씁니다. need 뒤에 명사를
쓰면 '~가 필요해요', to+동사원형을 쓰면 '~해야 해요'라는 뜻입니다.

MP3 010

PLUS 대부분의 경우 Excuse me.라고 먼저 말해서 상대방의 주의를 환기한 후에
I need ~.라고 말하는 게 부드럽고 좋아요.

입국, 출국 | 공항에서 꼭 해야 하는 일을 말할 때

I need to take the plane in 30 minutes.
30분 뒤에 비행기를 타야 해요.

교통 | 교통과 관련해서 필요한 일을 말할 때

I need to get off here.
여기서 내려야 해요.

* get on/off ~ : (버스, 지하철, 기차)에 타다/에서 내리다

I need to go there by 12:30.
거기 12시 반까지 가야 해요.

숙소 | 숙소에서 필요한 일을 말할 때

I need to use the printer. 프린터를 좀 써야 하는데요.
I need to wash my clothes. 옷을 세탁해야 해요.

식당 | 식당에서 필요한 물품이나 서비스를 부탁할 때

I need a fork. 포크가 필요해요.

We need a couple of plates. 접시 두 개가 필요해요.

35

조금 강한 어조로
~가 필요해요.
/ ~해야 해요.

쇼핑 | 상점에서 필요한 것을 말할 때

I need a shopping bag. 쇼핑백이 필요해요.

위급 | 위급 상황에서 필요한 일을 말할 때

I need to take my medicine. 저는 약을 먹어야 해요.

I need a translator. 통역사가 필요합니다.

I need to go to the hospital. 병원에 가야 해요.

상대방은 이렇게 답할 거예요

Okay. / All right. / I see.
알겠습니다.

Okay. Just a minute.
네, 잠깐만 기다리세요.

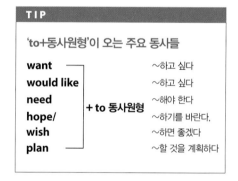

T I P		
'to+동사원형'이 오는 주요 동사들		
want		~하고 싶다
would like		~하고 싶다
need	**+ to 동사원형**	~해야 한다
hope/		~하기를 바란다.
wish		~하면 좋겠다
plan		~할 것을 계획하다

Do you have a city map?
시내 지도 있어요?

DO YOU HAVE ~? ~ 있어요?

자신이 원하는 물건이나 시설이 있는지 물어보는 표현입니다. 상점이나 식당, 기내에 어떤
물건이나 음식이 있는지, 숙소에 어떤 시설이 있는지 물을 때 쓸 수 있습니다.

PLUS 단순히 뭔가가 있는지 여부를 묻는 게 아니라(그럴 때는 **Is there** ~?를 쓰면 되겠죠?)
'어떤 물건이나 서비스를 판매/제공하는지' 묻는 표현이에요.

MP3 **011**

입국, 출국 | 체크인 시 원하는 것을 말하거나 면세점에 물품이 있는지 물을 때

Do you have a window seat?
창가 자리 있어요?

Do you have a baggage tag?
수화물 표가 있나요?

Do you have this lipstick?
이 립스틱 있어요?

기내 | 기내에 어떤 물품이 있는지 물을 때

Do you have a non-alcoholic beer?
무알코올 맥주 있어요?

Do you have green tea?
녹차 있나요?

교통 | 교통 패스 등이 있는지 물을 때

Do you have a one-day pass?
일일 패스가 있나요?

Do you have any vacancies?
빈방 있습니까?

Do you have a room for three people?
세 사람 잘 방 있어요?

Do you have Wi-Fi in the room?
객실에서 와이파이가 되나요?

Do you have a shuttle to the airport?
공항 가는 셔틀버스 있습니까?

Do you have a laundry room?
세탁실이 있나요?

Do you have a city map?
시내 지도 있어요?

Do you have a tourist brochure in Korean?
한국어로 된 관광 안내 책자 있나요?

Do you have a table for four?
4인용 테이블 있어요?

Do you have any Korean dishes?
한국 요리가 혹시 있나요?

Do you have chopsticks?
젓가락 있습니까?

쇼핑 | 상점이나 공항 면세점에서 특정 상품이 있는지 물을 때

Do you have any multi-vitamins?
복합 비타민제가 있나요?

Do you have this in a navy color?
이것 남색도 있어요?

Do you have anything cheaper?
더 싼 것 있을까요?

위급 | 몸이 안 좋아서 약국이나 숙소 등지에서 약품을 찾을 때

Do you have any painkillers?
진통제 있나요?

상대방은 이렇게 답할 거예요

Yes(, we do).
네, 있어요.

I'm sorry, but we don't have it.
죄송하지만 없네요.

Yes. Just a moment, please.
네, 잠깐만요.

→ 이렇게 말하고 물건을 가져다 보여 줄 거예요.

TIP

Do you have any+복수 명사 ~?
어떤 물건이 혹시 있는지 물을 때, [any+복수 명사]
로 말합니다. 의문문이므로 some이 아닌 any를 쓰고,
any 뒤에 보통명사는 복수를 쓰지요.

Is there an ATM near here?

근처에 현금지급기가 있나요?

IS THERE ~? ~가 있나요?

MP3 012

[There is 단수 명사]는 '~가 있다'라는 뜻이므로, [Is there 단수 명사 ~?]는 '~가 있나요?'라고 묻는 표현입니다. 길거리에서 만난 사람에게 주변이나 그 도시에 무언가가 있느냐고 물을 때 쓸 수 있습니다. 주어가 복수 명사일 때는 are를 써서 Are there ~?라고 물으면 됩니다.

PLUS 상대방이 갖고 있는 물건이나 상점/식당에서 제공하는 서비스를 묻는 Do you have ~?와 달리 단순히 특정 장소에 무언가가 있는지 묻는 표현입니다. 처음 보는 사람에게 이 질문을 하기 전에는 Excuse me.라고 말을 걸어서 주의를 환기시키는 게 좋습니다.

입국, 출국 | 공항에 특정 시설이나 물품이 있는지 물을 때

Is there a money exchange counter in the airport?
공항 안에 환전소가 있나요?

Is there a smoking room on this floor?
이 층에 흡연실이 있습니까?

교통 | 특정 교통수단이 있는지 물을 때

Is there a bus for downtown?
시내로 가는 버스가 있나요?

Is there a tram in this city?
이 도시에 전차가 있어요?

거리 | 어떤 장소나 시설이 있는지 물을 때

Is there a bank near here?
이 근처에 은행이 있을까요?

Is there a metro station around here?
근처에 지하철역이 있습니까?

Is there any place I can charge my phone?
전화기를 충전할 수 있는 곳이 있을까요?

관광 | 어떤 관광 시설이나 서비스가 있는지 물을 때

Is there a movie theater near here?
이 근처에 영화관이 있나요?

Is there a theme park in this city?
이 도시에 테마파크가 있나요?

Is there any place I can buy some souvenirs?
기념품을 살 수 있는 곳이 있을까요?

Is there a cancellation fee?
취소 수수료가 있습니까? (문화 상품을 예약했다가 취소할 때)

식당 | 어떤 식당이 있는지 물을 때

Is there a Vietnamese restaurant near here?
근처에 베트남 식당이 있나요?

Is there a food court in this mall?
이 쇼핑몰에 푸드 코트가 있습니까?

쇼핑 | 어떤 상점이나 시장이 있는지 물을 때

Is there a supermarket near here?
근처에 슈퍼마켓이 있나요?

Is there a department store around here?
이 근처에 백화점이 있을까요?

Is there a night market in this city?
이 도시에 야시장이 있습니까?

Is there anyone who can speak English?
영어 할 줄 아는 분 계세요?

Is there a police station near here?
근처에 경찰서가 있나요?

상 대 방 은 이 렇 게 답 할 거 예 요

Sure.
그럼요.

Yes, there is a ~.
네, ~가 있습니다.

No, there aren't any ~.
아뇨, ~는 없습니다.

Well, let me check.
음, 확인해 볼게요.

TIP

Is there + 단수 명사?
Are there + 복수 명사?

Is there a bus going downtown?
시내로 가는 버스가 있나요?

Are there buses going downtown?
시내로 가는 버스들이 있나요?

When can I check in?
언제 체크인할 수 있죠?

MP3 013

> **WHEN ~? / WHAT TIME ~?** 언제 ~하죠? / 몇 시에 ~하죠?

When은 '언제', What time은 '몇 시(에)'라는 뜻이죠. When과 What time으로 공항이나 숙소, 교통수단, 관광지, 식당, 상점의 서비스가 언제 시작하거나 끝나는지 물어볼 수 있습니다.

PLUS when으로는 조금 넓은 의미로 언제인지 묻고, what time으로는 특정 시간을 묻습니다.

입국, 출국 ㅣ 공항이나 탑승구에 도착해야 할 시간 등을 물을 때

What time do I have to get to the gate?
탑승구에 몇 시까지 가야 하나요?

기내 ㅣ 기내 서비스나 착륙 시간 등을 물을 때

When is the next meal? 다음 식사는 언제죠?
What time will this plane land?
이 비행기는 몇 시에 착륙할까요?

교통 ㅣ 교통편의 운행 시간이나 탑승 시간 등을 물을 때

What time is the last bus? 마지막 버스는 몇 시예요?
What time is the first train? 첫 기차는 몇 시예요?
When will the bus come? 버스는 언제 올까요?

숙소 ㅣ 숙소의 체크인/체크아웃 시간과 서비스 이용 시간 등을 물을 때

When can I check in? 언제 체크인할 수 있나요?
What time is check out? 체크아웃은 몇 시예요?
What time does the bar close? 바는 몇 시에 닫아요?

언제/몇 시에 하는지
질문

관광 | 관광지의 이용 시간과 공연 시간 등을 물을 때

What time does the museum open?
박물관은 몇 시에 개관하나요?

What time is the show tonight? 오늘 밤 공연은 몇 시예요?

식당 | 식당의 영업시간과 휴식 시간 등을 물을 때

What time do you open? 몇 시에 문 여세요?

When is the break time? 휴식 시간은 언제예요?

쇼핑 | 상점의 영업시간 등을 물을 때

What time do you close? 몇 시에 문 닫으세요?

What time do you open on weekends?
주말에는 몇 시에 문 여세요?

상 대 방 은 이 렇 게 답 할 거 예 요

You have to[should] ~ at/in/by/until/
from 시간 표현.

**You have to come to the gate by
ten thirty a.m.**
오전 10시 30분까지 탑승구로 오셔야 합니다.

We open ~ at/in 시간 표현.

We open at 11 in the morning.
저희는 오전 11시에 문을 엽니다.

You can ~ at/in/by/until/from 시간 표현.

You can check in from 3 p.m.
오후 3시부터 체크인하실 수 있습니다.

TIP

시간을 나타내는 필수 표현

• **at** 시간 ~에

• **by** 시간 ~까지 (그 안에 행동이 완결)

• **until** 시간 ~까지 (그때까지 행동이 계속)

• **from** 시간 ~부터

• **in the (early/late)** morning/afternoon/evening
(이른/늦은) 아침/오후/저녁에

• **at** night/noon/midnight/dawn/sunset
밤에/정오에/자정에/동틀 무렵에/해 질 녘에

Where can I buy the ticket?

입장권은 어디서 살 수 있나요?

WHERE CAN I ~? 어디서 ~할 수 있죠?

Can I 앞에 Where을 써서 '어디서' 무엇을 할 수 있는지 묻는 표현입니다. 어떤 일을 할 수 있는 장소를 묻는 표현이지요. 낯선 여행지에서 자주 쓰게 되는 표현입니다.

PLUS 앞에서 배운 Can I ~?(~할 수 있을까요?)라는 표현 앞에 Where을 써서 특히 '어디서' 할 수 있는지 묻는 표현입니다.
참고로 When can I ~?는 '언제 ~할 수 있을까요?'라는 뜻이겠지요?

MP3 **014**

입국, 출국 ㅣ 공항에서 할 수 있는 일의 위치를 물을 때

Where can I exchange money?
어디서 환전할 수 있죠?

Where can I buy some souvenirs?
어디서 기념품을 살 수 있나요?

Where can I transfer?
어디서 환승할 수 있죠?

교통 ㅣ 교통수단을 이용할 수 있는 장소나 매표소 위치 등을 물을 때

Where can I take a taxi?
어디서 택시를 탈 수 있나요?

Where can I take the tram?
어디서 전차를 탈 수 있을까요?

Where can I take the train to Edinburgh?
에든버러 가는 기차를 어디서 탈 수 있죠?

Where can I buy a ticket?
표는 어디서 살 수 있나요?

숙소 | 숙소에서 어떤 일을 할 수 있는 장소를 물을 때

Where can I have breakfast?
아침 식사는 어디서 할 수 있죠?

거리 | 거리에서 어떤 일을 할 수 있는 장소를 물을 때

Where can I use Wi-Fi?
와이파이는 어디서 이용할 수 있나요?

Where can I use a computer?
어디서 컴퓨터를 사용할 수 있을까요?

관광 | 관광지에서 어떤 일을 할 수 있는 장소를 물을 때

Where can I buy a ticket?
표는 어디서 살 수 있나요?

Where can I book a guided tour?
가이드 투어는 어디서 예약할 수 있나요?

식당 | 식당에서 어떤 일을 할 수 있는 장소를 물을 때

Where can I wash my hands?
화장실은 어디인가요?

쇼핑 | 판매 장소나 어떤 일을 할 수 있는 장소를 물을 때

Where can I buy vitamins?
비타민은 어디서 살 수 있을까요?

Where can I try this on?
이건 어디서 입어 볼 수 있을까요?

무언가를 할 수 있는
장소를 물음

상 대 방 은 이 렇 게 답 할 거 예 요

You can ~ at/in 장소.
~에서 ~할 수 있습니다.

You can take a taxi at the taxi stand over there.
저쪽 택시 승차장에서 택시를 타실 수 있어요.

You can try it on in the fitting room.
탈의실에서 입어 보시면 돼요.

TIP

방향 관련 필수 표현

• **go straight (ahead)** 똑바로 가다, 직진하다

• **turn right/left** 우회전/좌회전하다

• **at the corner** 모퉁이에서

• **at the crosswalk** 건널목에서

Go straight one block and turn left at the crosswalk.
한 블록 똑바로 간 다음 건널목에서 좌회전하세요.

TIP

장소 관련 필수 단어

(공항의) 터미널 terminal

탑승 수속 카운터 check-in counter

환전소 money[currency] exchange counter

휴게실 lounge

면세점 duty-free shop

기념품 가게 souvenir shop

기차/지하철역 train/subway station

버스 정거장 bus stop

택시 승차장 taxi stand

매표소 ticket office

승강장 platform

교차로 crossroads, intersection

횡단보도 crosswalk, crossing

모퉁이 corner

로비 lobby

화장실 restroom, toilet

TIP

Could you draw me a map?
약도를 그려 주실 수 있을까요?

설명을 들어도 모르겠는 경우, 종이와 펜을 꺼내어 위와 같이 부탁할 수도 있습니다.

How old is this cathedral?
이 성당은 얼마나 오래된 거죠?

HOW 형용사/부사 ~? 얼마나 ~한가요?

How 뒤에 형용사나 부사를 써서 [How+형용사/부사 ~?]의 형태로 가격이나 수량, 기간, 성질, 상태 등 여러 가지를 물어볼 수 있습니다.

PLUS How much, How many, How far, How long, How old, How often, How soon, How hot, How big, How small 등 다양하게 쓸 수 있습니다.

MP3 015

입국, 출국 ┃ 입출국 시에 공항에서 수량이나 금액 등을 물을 때

How many bags can I check in?
가방은 몇 개나 부칠 수 있죠?

How much is the extra charge?
추가 요금은 얼마예요?

* extra charge(추가 요금) : 부치는 짐이 규정을 초과할 때 내는 요금

기내 ┃ 기내에서 수량이나 금액 등을 물을 때

How many bottles of alcohol can I buy?
술은 몇 병 살 수 있나요? (기내 면세품 구입 시)

교통 ┃ 교통수단으로 이동하는 시간이나 운임 등을 물을 때

How long does it take to go there?
거기까지 가는 데 얼마나 걸려요?

How much is a round-trip ticket?
왕복표는 얼마예요?

How much is the fare?
요금은 얼마입니까?

How often does the bus come?
버스가 얼마마다 와요? (운행 빈도를 물음)

How soon does the next train come?
다음 기차는 언제 와요? (얼마나 빨리 올 것인지 물음)

숙소 | 숙박료나 숙소의 특성에 대해 물을 때

How much is the room per night?
숙박료는 하룻밤에 얼마죠?

How big is the room?
방 크기가 얼마나 되죠?

거리 | 어디까지의 거리나 이동 시간 등을 물을 때

How far is it from here to the museum?
여기서 그 박물관까지 거리가 얼마나 되나요?

관광 | 관광지와 관련하여 궁금한 점을 물을 때

How far is it to the Louvre Museum?
루브르 박물관까지는 거리가 얼마나 되죠?

How old is this temple?
이 사원은 얼마나 오래된 거죠?

How much is the admission fee?
입장료는 얼마예요?

How long is the show?
공연 시간은 얼마나 되나요?

How long do we have to wait?
얼마나 기다려야 하죠?

How much is this?
이 메뉴는 얼마예요?

How hot is this soup?
이 수프 얼마나 뜨거워요?

How much is this?
이것 얼마죠?

How many glasses are in a box?
상자 안에 잔이 몇 개가 들어 있어요?

상대방은 이렇게 답할 거예요

It is ~

It's over 200 years old.
2백 년이 넘었어요.

It's 17 dollars. 17달러예요.

It 동사 ~

It comes every 30 minutes.
30분마다 와요.

You 동사 ~

You have to wait about two hours. 두 시간 정도 기다리셔야 해요.

TIP

자주 말하는 패턴부터 익혀요!

How much ~? (값이, 양이) 얼마 ~? → 가격, 양

How many ~? 몇 개 ~? → 개수

How long ~? 얼마 동안 ~? 길이가 얼마~?
→ 시간, 기간, 길이

How old ~? 몇 살/몇 년 ~? → 나이, 연령

How often ~? 얼마나 자주 ~? → 빈도, 횟수

How far ~? 거리가 얼마 ~? → 거리

Do you know where the duty-free shop is?

면세점이 어디 있는지 아세요?

DO YOU KNOW ~? ~ 아세요?

MP3 016

상대방에게 '~를 아세요?'라고 물어보는 표현입니다. 여행지에서 사람들에게 질문할 때 자주 쓰게 되는 표현이죠. 뒤에는 주로 의문사나 if가 옵니다. [Do you know+의문사+주어+동사 ~?], [Do you know if+주어+동사 ~?(~인지 아닌지 아세요?)]로 씁니다.

PLUS Do you know ~로 묻지 않고 바로 **Where is the duty-free shop?**이라고 물어도 됩니다. 하지만 처음 보는 사람에게, 특히 거리에서 만난 사람이라면 곧바로 그렇게 묻기보다는 **Do you know** ~로 물어보는 게 좋습니다. 그리고 처음 보는 사람에게 질문할 때는 **Excuse me.**라고 먼저 말합니다. 그렇게 주의를 환기시키고 나서 질문을 합니다.

입국, 출국 ┃ 공항 내부 시설에 대해 아느냐고 물을 때

Do you know where the duty-free shop is?
면세점이 어디 있는지 아세요?

교통 ┃ 교통수단 이용 방법에 대해 아느냐고 물을 때

Do you know when the last train comes?
마지막 열차가 언제 오는지 아세요?

Do you know where I can buy a bus ticket?
버스표를 어디서 살 수 있는지 아세요?

숙소 ┃ 숙소 직원에게 관광지나 주변에 대해 무언가 아느냐고 물을 때

Do you know if there's a drugstore near this hotel?
혹시 이 호텔 근처에 약국이 있는지 아세요?

Do you know where I can buy some fruit?
어디서 과일을 살 수 있는지 아세요?

거리 | 길이나 방향, 어떤 것의 위치 등을 아느냐고 물을 때

Do you know where the train station is?
기차역이 어디인지 아세요?

Do you know how to get to MoMA?
뉴욕현대미술관에 어떻게 가는지 아세요?

Do you know where I can use Wi-Fi?
어디서 와이파이를 이용할 수 있는지 아세요?

Do you know where an ATM is?
현금 인출기가 어디 있는지 아세요?

관광 | 관광지에 대해 무언가를 아느냐고 물을 때

Do you know how old this temple is?
이 사원이 얼마나 된 건지 아세요?

Do you know who painted this picture?
이 그림을 누가 그린 건지 아세요?

쇼핑 | 쇼핑과 관련하여 무언가를 아느냐고 물을 때

Do you know where the women's clothing section
is? 여성복 코너가 어디인지 아세요?

위급 | 위급 상황에서 무언가 아느냐고 물을 때

Do you know where the lost and found is?
분실물 센터가 어디인지 아세요?

상대방이 무언가
아는지 물을 때

상대방은 이렇게 답할 거예요

Sure.
네.

I'm sorry. I don't know.
죄송해요. 몰라요.

Let me check.
확인해 볼게요.

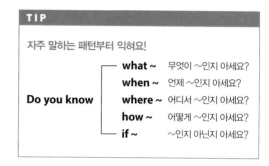

TIP

자주 말하는 패턴부터 익혀요!

Do you know	**what ~**	무엇이 ~인지 아세요?
	when ~	언제 ~인지 아세요?
	where ~	어디서 ~인지 아세요?
	how ~	어떻게 ~인지 아세요?
	if ~	~인지 아닌지 아세요?

This is my seat.

이건 제 자린데요.

THIS IS ~. 이건/여긴 ~예요/~하네요.

'이건', '저건', '그건'이라고 어떤 것을 설명하거나 그것의 성질이나 상태를 묘사하는 표현입니다. 눈앞에 있는 것은 this, 조금 떨어진 곳에 있는 것은 that, 눈앞에 없는 것이나 추상적인 것은 it으로 칭합니다.

PLUS 보통 that is는 that's, it is는 it's로 줄여 씁니다. this is는 줄여 쓰지 않아요.

MP3 **017**

입국, 출국 ┃ 세관 신고할 때

This is a gift for my friend.
이건 제 친구 줄 선물이에요.

기내 ┃ 기내에서 좌석이나 물품에 대해 말할 때

This is my seat.
여긴 제 자린데요.

관광 ┃ 관광지에서 보고 느낀 것에 대해 말할 때

This is fantastic!
이거 멋지다!

That's what I've been hoping to see all my life.
저게 내가 평생 보고 싶었던 거야.

식당 ┃ 음식의 상태에 대해 말할 때

This is a little salty.
이거 좀 짜네요.

It's too cold.
너무 차가워요.

쇼핑 | 쇼핑을 하며 물건에 대해 말할 때

This is a little small for me.
이건 저한테 좀 작네요.

That's what I'm looking for.
저게 제가 찾는 거예요.

TIP		
This is **That is[That's]** + 명사 **It is[It's]**		이건 저건 ~예요. 그건
This is **That is[That's]** + 형용사 **It is[It's]**		이건 저건 ~해요. 그건

Is this bus for Central Park?
이 버스 센트럴파크 가나요?

IS THIS ~? 이게/여기가 ~인가요?

가까이에 있는 것에 대해 '이것이/여기가 ~인가요?'라고 물을 때 쓰는 표현입니다. 멀리 있는 것은 [Is that ~?], 눈앞에 있지 않은 것은 [Is it ~?]이라고 물으면 됩니다. 묻는 대상이 복수인 경우 Are these[those] ~?라고 물으면 되겠죠.

PLUS this 뒤에 명사를 써서 '이 ~'라고 쓸 수도 있습니다. 위의 문장 Is this bus for Central Park?에서 **this bus**가 그런 경우입니다.

MP3 018

입국, 출국 | 공항에 있는 물품이나 항공편에 대해 물을 때

Is this the domestic terminal?
여기가 국내선 터미널인가요?

Is this line for foreigners?
이 줄이 외국인 줄인가요?

기내 | 기내의 물품이나 장치에 대해 물을 때

Is this magazine complimentary?
이 잡지는 무료로 주는 건가요?

교통 | 교통수단에 대해 물을 때

Is this bus for Notting Hill?
이 버스 노팅힐 가나요?

숙소 | 숙소의 시설이나 물품에 대해 물을 때

Is this toothbrush complimentary?
이 칫솔 그냥 써도 되는 거예요?

Is that a laundry room?
저기가 세탁실인가요?

사물에 대해
**묻거나
확인할 때**

관광 | 관광지의 서비스나 물품에 대해 물을 때

Is that a souvenir shop? 저건 기념품 가게인가요?

Is this for children? 이건 아이들이 이용할 수 있는 거예요?

쇼핑 | 상점이나 물건에 대해 물을 때

Is this for men? 이건 남성용인가요?

Are these second-hand clothes? 이것들은 중고 옷이에요?

Is this on sale? 이것 할인 중인가요?

상 대 방 은 이 렇 게 답 할 거 예 요

Yes, it is.
네.

No, it isn't.
아닙니다.

No, it is ~.
아뇨, 그건 ~입니다.

TIP

complimentary

complimentary는 '무료의, 무료인'이라는 뜻으로 숙소나 비행기, 상점 등에서 무료로 제공하는 물품에 대해 쓸 수 있는 표현입니다. free와 같은 뜻이지만 좀 더 격식 있는 표현이에요. 평소엔 별로 쓸 일이 없지만 여행 중에는 알아 두면 좋아요.

This beer is complimentary.
이 맥주는 무료로 제공하는 것입니다.

Is this water complimentary?
이 물 무료인가요?

I **have** a 7-day Eurail Global Pass.

(저는) 유레일 글로벌 패스 7일 권이 있어요.

> ## I HAVE ~. / I DON'T HAVE ~. (저는) ~가 있어요. / ~가 없어요.

MP3 **019**

자신에게 무언가가 있거나 없다고 말하는 표현입니다. [I have ~/I don't have ~] 뒤에
는 명사가 옵니다.

PLUS I don't have any ~는 I have no ~로 쓸 수도 있습니다.
I don't have any cash with me. = I have no cash with me. (수중에 현금이 없어요.)

입국, 출국 ㅣ 체크인할 물건이나 세관에 신고할 것이 있거나 없다고 말할 때

I have a bag to check in.
부칠 가방이 하나 있어요.

I have nothing to declare.
신고할 게 없어요. (= I don't have anything to declare.)

* nothing = not ~ anything

교통 ㅣ 교통 자유 이용권 등이 있다고 말할 때

I have a 7-day Eurail Global Pass.
저는 유레일 글로벌 패스 7일 권이 있어요.

관광 ㅣ 관광지에서 입장권, 할인권 등이 있다고 말할 때

I have a discount voucher.
할인권이 있는데요.

식당 ㅣ 식당에서 할인 쿠폰 등이 있다고 말할 때

I have this coupon. Can I use it?
이 쿠폰이 있는데요. 쓸 수 있을까요?

쇼핑 | 상점에서 현금이나 신용카드, 할인 카드/쿠폰 등이 있다고 말할 때

I have a VISA card. 비자카드 있어요.

I don't have any cash with me. 수중에 현금이 없어요.

I don't have any discount card. 할인 카드는 없는데요.

상대방은 이렇게 답할 거예요

Okay.
알겠습니다.

Let me see.
어디 봅시다.

The key card **isn't working**.

카드키가 작동이 안 돼요.

~ ISN'T/AREN'T WORKING. ~가 작동이 안 돼요.

work에는 '작동이 되다'라는 뜻이 있습니다. 따라서 [주어+isn't/aren't working]은 '~가 작동이 안 되다'라는 뜻으로, 기계나 장치가 작동하지 않을 때 쓰는 표현입니다. 주어가 단수일 때 isn't, 복수일 때 aren't를 씁니다.

PLUS 현재진행 시제로 isn't/aren't working으로 쓸 수도 있고, 현재 시제로 doesn't/don't work라고 쓸 수도 있어요.

입국, 출국 ㅣ 공항의 기계나 설비가 작동하지 않을 때

The self check-in machine **isn't working**.
셀프 체크인 기계가 작동이 안 돼요.

기내 ㅣ 기내 장치나 설비가 작동하지 않을 때

This remote control **isn't working**.
이 리모컨이 작동이 안 되네요.

These headphones **aren't working**.
이 헤드폰은 작동이 안 됩니다.

교통 ㅣ 교통수단 관련 기계나 장치가 작동하지 않을 때

The ticket machine **isn't working**.
승차권 발매기가 작동이 안 돼요.

I think this GPS **isn't working**.
이 내비게이션이 작동이 안 되는 것 같아요.

* 확실치 않을 때, 혹은 부드럽게 표현하고 싶을 때는 앞에 I think를 써 주면 됩니다.

숙소 | 숙소의 기계나 장치가 작동하지 않을 때

The air conditioner **isn't working** in my room.

제 방 에어컨이 작동이 안 돼요.

The key card **isn't working**. 카드키가 작동이 안 됩니다.

* 카드키는 영어로 key card라고 합니다. 우리말과 반대죠?

The Wi-Fi **isn't working** in my room.

제 방에서 와이파이가 안 되는데요.

The elevator **isn't working**.

엘리베이터가 작동 안 돼요.

관광 | 관광지에서 기계나 장치가 작동하지 않을 때

This audio guide **isn't working**.

이 오디오 가이드는 작동이 안 되네요.

Cell phones **aren't working** here.

여기는 휴대폰이 안 되는군요.

상대방은 이렇게 답할 거예요

Okay. Let me check right away.

알겠습니다. 바로 확인해 보겠습니다.

I'm sorry for the inconvenience.

불편을 끼쳐 죄송합니다.

TIP

"Something's wrong with ~(~가 이상합니다)."
라고 말할 수도 있습니다. 아니면 "~ isn't/aren't
working."이라고 말한 후 "Something's wrong
with it/them."이라고 덧붙일 수도 있지요.

Do I have to check in this bag, too?

이 가방도 부쳐야 하나요?

DO I HAVE TO ~? ~해야 하나요?

MP3 021

'have to+동사원형'은 '~을 해야 하다'라는 뜻입니다. 의문문을 만들 때는 do를 이용해서 [Do I have to+동사원형 ~?]으로 쓰고, '~해야 할까요?'라는 뜻이 됩니다. 어떤 상황에서 해야 할 일이나 그 일을 하는 방법을 묻는 표현이죠.

PLUS '~해야 하다, ~하는 것이 좋다'라는 뜻을 가진 조동사 should를 써서 [Should I+동사원형 ~?]으로 써도 같은 뜻입니다.

입국, 출국 ㅣ 공항에서 탑승/출국 수속 등의 과정에서 해야 할 일을 물을 때

Do I have to check in this bag, too?
이 가방도 부쳐야 하나요?

Should I carry this with me?
이건 갖고 타야 합니까?

Do I have to declare this?
이거 신고해야 할까요?

What time **do I have to** get to the gate?
탑승구에 몇 시까지 가야 하죠?

교통 ㅣ 어떤 교통수단을 이용하고 어떻게 이용해야 할지 물을 때

Do I have to take that bus to go to the gallery?
그 미술관에 가려면 저 버스를 타야 하나요?

Should I change subways at the next stop?
다음 정거장에서 지하철을 갈아타야 해요?

숙소 | 숙소의 시설과 물품 이용 방법에 대해 물을 때

Do I have to return my room key when I leave?
나갈 때 방 열쇠를 반납해야 하나요?

Should I go to the restaurant before 9 o'clock to eat breakfast?
조식을 먹으려면 9시 전까지 식당으로 가야 해요?

거리 | 길을 묻거나 이동 방법을 물을 때

Do I have to turn right or turn left?
우회전해야 하나요 좌회전해야 하나요?

Do I have to take a taxi to go there?
그곳에 가려면 택시를 타야 합니까?

관광 | 관광지의 시설 이용법에 대해 물을 때

Do I have to buy a ticket?
입장권을 사야 합니까?

Do I have to buy the catalogue or is it free?
카탈로그를 사야 하나요 아니면 무료인가요?

Should I take off my shoes to enter the building?
그 건물에 들어가려면 신발을 벗어야 해요?

식당 | 식당 이용법에 대해 물을 때

Do I have to make a reservation to eat there?
거기서 식사하려면 예약을 해야 하나요?

Should I put my name on the waiting list?
대기 명단에 이름을 올려 두어야 하나요?

Do we have to wait outside?
밖에서 기다려야 하나요?

Do I have to pay in cash only?
현금으로만 계산해야 하나요?

Should I pay for the package separately?
포장비는 별도로 계산해야 하나요?

상대방은 이렇게 답할 거예요

Yes(, you do).
네.

No, you don't have to.
아뇨, 그러실 필요 없습니다.

TIP		
Do I have to		
Should I	동사원형?	~해야 하나요?
Must I		

Which bus is going to the central station?

어느 버스가 중앙역으로 가나요?

WHICH (ONE) ~? 어느 것이 ~인가요/한가요?

which는 '어느 것, 어느 ~'라는 뜻으로, '여러 개 중 하나'를 뜻합니다. which를 써서 여러 개 중 어느 것이 맞는지, 어느 것이 가장 나은지 등을 물어볼 수 있습니다.

PLUS Which is ~?처럼 which를 단독으로 쓸 수도 있고, Which+명사 ~?, Which one ~?처럼 which 뒤에 명사나 one을 쓸 수도 있어요.

MP3 **022**

입국, 출국 | 공항 내부 시설 중 어느 것이 맞는지 물을 때

Which way is the boarding gate?
어느 쪽이 탑승구죠?

Which gate does FR1234 depart from?
FR1234 편은 몇 번 게이트에서 출발하나요?

Which way is the airport express?
공항철도 타려면 어느 쪽으로 가야 하죠?

기내 | 기내 시설이나 장치 중 어느 것이 맞는지 물을 때

Which is the volume button?
어떤 게 볼륨 버튼이에요?

교통 | 교통수단 중 어느 것을 선택해야 할지 물을 때

Which bus is going to the central station?
어떤 버스가 중앙역으로 가나요?

Which line should we take?
몇 호선을 타야 하죠?

Which one is faster, bus or subway?
버스나 지하철 중 어느 게 더 빠르죠?

관광 | 관광지의 시설 등에서 어느 것이 맞는지 물을 때

Which door should I enter into?
어느 문으로 들어가야 합니까?

Which building is the museum?
어느 건물이 박물관이죠?

식당 | 여러 음식 중 하나를 선택하려 할 때

Which one is less spicy?
어느 게 덜 매워요?

Which one is low in calories?
어느 게 칼로리가 낮아요?

쇼핑 | 여러 물건 중 하나를 선택하려 할 때

Which one is cheaper?
어느 게 더 싸요?

Which one is for women?
어느 게 여성용이죠?

Which one is the most popular?
어느 게 제일 인기 있어요?

상대방은 이렇게 답할 거예요

This/That/ 주어 is ~.

This one is the museum.

이것[이 건물]이 박물관이에요.

The subway is faster than the bus.

지하철이 버스보다 빨라요.

You ~.

You should take line No. 3.

3호선을 타셔야 해요.

TIP

Which one vs. Which

Which one은 주로 눈앞에 있는 것들을 대상으로
물을 때 씁니다.

Which one do you prefer?
(눈앞에 있는 몇 개 중에) 어느 게 더 마음에 들어?

Which는 Which one과 같은 의미로 쓸 수도 있고,
보통 Which ~, A or B의 형태로 씁니다.

Which do you prefer, this or that?
이것 아니면 저것 중에 어느 게 더 마음에 들어?

PART 2

여행 영어의
결정적 상황들

이럴 때는 이렇게만 말하자!

CHAPTER 1

기내에서
on board

기내에서 1
ON BOARD 1

비행기에 오르면 본격적으로 여행이 시작됩니다. 비행기에 타서 자리를 찾아 앉을 때까지는 영어로 말할 일이 별로 없습니다. 비행기가 이륙하고 좌석 벨트 표시등이 꺼지면 승무원들이 기내 서비스를 시작하고 화장실도 이용할 수 있습니다. 이때부터 영어로 말할 일들이 생기는데, 주로 요청하거나 부탁하거나 질문하는 일입니다. 앞에서 배운 ~, please.와 Can I ~?, Could you ~?를 활용할 순간들입니다.

음료 및 기내식 요청

음료 요청

Apple juice, **please**. 사과 주스 주세요.

Can I have some orange juice? 오렌지 주스 좀 주실래요?

Can I have one more beer? 맥주 하나 더 주실래요?

Do you have a non-alcoholic beer? 무알코올 맥주 있어요?

기내식 요청

Fish, **please**. 생선으로 주세요.

I'll have beef and rice. 소고기 덮밥 먹을게요.

Can I have another (in-flight) meal?
기내식 하나 더 먹을 수 있을까요?

기내식 메뉴는 대개 beef, chicken, fish입니다. 채식주의자이거나, 당뇨병 등 지병이 있거나, 종교로 인해 먹지 못하는 음식이 있는 경우 탑승 하루 전까지 특별 기내식을 주문하세요.

서비스 문의, 물품 요청

서비스 문의, 질문

Could you help me stow this bag?
짐 올리는 것 좀 도와주실래요?

Could you help me fill this out?
이거 작성하는 것 좀 도와주실 수 있겠어요?

Can I use the lavatory now? 지금 화장실을 이용할 수 있나요?

What time will this plane land? 이 비행기는 몇 시에 착륙할까요?

lavatory는 기내의 화장실. 화장실 문에는 다음의 둘 중 한 단어가 표시되어 있어요.
occupied : 사용 중인
vacant : 비어 있는

물품 요청

I'd like some coffee. 커피 좀 주세요.

Can I get a blanket? 담요 하나 주실래요?

Can I have earplugs? 귀마개 좀 주실래요?

PLUS 1
음료나 기내식을 받았을 때, 그리고 부탁한 물품이나 서비스를 받았을 때는 그냥 지나치지 말고 Thank you.라고 인사하세요. 그럼 서로가 기분 좋겠죠?

PLUS 2
요청하지 않은 음료나 간식, 담요 등의 서비스를 승무원이 줄 때, 받으려면 "Yes, please. Thank you."라고 말하고, 원하지 않을 때는 "That's okay."라고 합니다.

기내에서 제공하는 음료, 간식

apple juice 사과 주스　**grape juice** 포도 주스　**wine** 포도주
beer 맥주　**coffee** 커피　**tea** 차　**green tea** 녹차
black tea 홍차　**Coke** 콜라　**diet Coke** 다이어트 콜라
Sprite 스프라이트(사이다)　**sparkling water** 탄산수　**peanuts** 땅콩

기내식

in-flight meal, airline meal 기내식　**beef** 쇠고기　**pork** 돼지고기
chicken 닭고기　**fish** 생선　**fruit** 과일　**dessert** 후식

기내에서 제공하는 물품

blanket 담요　**cushion** 쿠션　**pillow** 베개
headphones, headset 헤드폰　**earphones** 이어폰
earplugs 귀마개　**sleeping mask** 수면 안대
slippers 슬리퍼　**toothbrush** 칫솔　**toothpaste** 치약
wet towel 물수건　**mouthwash** 구강세정제　**medicine** 약
painkiller 진통제　**fever reducer** 해열제　**digestive medicine** 소화제
sickness bag 멀미 봉투
landing[arrival, disembarkation] card 입국 카드

Useful INFORMATION

외국인 승무원, 한국인 승무원

우리나라 비행기에는 한국인 승무원들이 있으니 영어로 말할 필요가 없습니다. 하지만 외국 비행기를 타면 외국인 승무원들과 말을 해야 합니다. 단, 외국 비행기도 우리나라가 출발지나 목적지인 경우 한국인 승무원이 있긴 합니다.

서비스를 부탁하려면?

지나가는 승무원에게 손을 들어 보이거나 좌석에 있는 승무원 호출 버튼을 누른 후 서비스를 부탁하면 됩니다.

사전 좌석 배정

출발 48시간 전까지 항공사 홈페이지에서 항공기 좌석을 미리 지정할 수 있습니다. 단, 비상구 좌석(앞 공간이 넓음)은 사전 예약이 안 되니 원한다면 가능한 한 공항에 일찍 도착하여 체크인할 때 요청해 보세요.

특별 기내식 사전 신청

출발 48시간 전까지 항공사의 예약센터나 홈페이지에서 특별 기내식을 신청할 수 있습니다. 야채식, 식사 조절식(당뇨식), 알레르기식, 종교식(이슬람교, 힌두교, 유대교), 과일식, 유아식, 기념 케이크 등이 있습니다.

물품 요청

▶ 펜, 담요, 쿠션(베개), 음료, 헤드폰이나 이어폰, 간단한 약품, 입국 신고서 등을 부탁할 수 있습니다.
▶ 출발 전에 항공사에 미리 요청하면 아기 요람이나 색연필과 공책 등 유아 용품, 아동 용품을 이용할 수 있습니다.

기내에서 2
ON BOARD 2

MP3 **024**

좌석 등, 좌석 테이블, 좌석 스크린, 리모컨 등의 이용법을 잘 몰라서 질문해야 할 때가 있습니다. 또한 승무원이 입국 신고서와 세관 신고서를 나눠 주는데, 작성법을 몰라서 묻거나, 잘못 작성해서 하나 더 달라고 해야 할 때도 있지요. 그리고 기내 면세품을 구입할 때도 있습니다. 그럴 때는 어떻게 질문하면 될까요?

이용법 문의, 도움 요청

How can I use this remote (control)?
이 리모컨은 어떻게 사용해요?

* 리모컨(remote control)은 간단히 리모트(remote)라고 말해도 됩니다.

How can I turn on the light? 불은 어떻게 켜죠?

* turn on/turn off : 켜다/끄다

How can I watch a movie? 영화는 어떻게 볼 수 있어요?

Can I turn on Korean subtitles? 한국어 자막을 켤 수 있을까요?

Can I have one more form? 서류(신고서) 하나 더 주실 수 있으세요?

Can I borrow a pen? 펜 좀 빌릴 수 있을까요?

Could you help me fill out this form?
이 양식 작성하는 것 좀 도와주실 수 있나요?

기내 면세품 구입

Do you sell duty-free goods? 면세품을 판매합니까?

I'd like this necklace. (= I want this necklace.)
이 목걸이 사고 싶어요.

I'd like to buy this one. (= I want to buy this one.)
이걸 사고 싶은데요.

I'll buy two of these. 이거 두 개 살게요.

Can I pay in Korean won? 한국 돈으로 지불해도 될까요?

I'll pay by credit card. 신용카드로 지불할게요.

How many bottles of alcohol can I buy?
술은 몇 병 살 수 있나요?

PLUS
서비스 이용법을 문의하든, 면세품을 구입하든, 승무원에게 말을 걸 때는 우선
"Excuse me."라고 하세요. 그렇게 주의를 환기시킨 후 용건을 말합니다. 단, 버튼을
눌러서 승무원을 호출한 경우에는 바로 용건을 말하면 됩니다. 도움을 받은 후에는
"Thank you."라고 말하는 것을 잊지 마세요.

비행기 관련 기타 표현
captain 기장　**flight attendant** 승무원　**cabin crew** 승무원 전체
altitude 고도　**temperature** 기온　**runway** 활주로
take off 이륙하다　**land** 착륙하다
time of arrival 도착 시간　**local time** 현지 시간
motion sickness 멀미　**turbulence** 난기류　**jet lag** 시차로 인한 피로

면세품 구입 관련 표현
duty-free goods 면세품　**in-flight duty-free goods** 기내 면세품
cash 현금　**(credit) card** 신용카드　**debit card** 직불 카드, 체크카드
catalogue 카탈로그　**cosmetics** 화장품　**perfume** 향수
cigarette 담배　**alcoholic drink, liquor** 술, 주류
be sold out 매진이다　**exchange rate** 환율

Useful INFORMATION

비행기 좌석 주변 시설

seat 좌석   **seatback** 의자 등받이   **seatbelt** 안전띠
window shade 창문 덮개   **tray table** 좌석 테이블
(seatback) screen, monitor 좌석 스크린   **remote (control)** 리모컨

overhead compartment 머리 위 짐칸   **light** 등

seat belt sign 좌석 벨트 표시등
headphone(s) 헤드폰
life vest 구명조끼
sanitary sickness bag 멀미 봉투
wet towel 물수건

기내에서 작성하는 서류

기내에서 입국 신고서(disembarkation card, landing card, arrival card)와 세관 신고서
(customs form)를 작성하고, 목적지에 도착한 후 공항에서 입국 심사 시에 제출합니다.

기내 면세품 구입

기내에서 사는 것이 가장 저렴한 면세품들이 있습니다. 대표적인 것이 '주류'죠. 그 외의 면세품은
인터넷 면세점에서 각종 할인 혜택(쿠폰, 적립금 등)을 받아 구입하는 게 가장 유리합니다.

불편 사항 표현
다른 승객과의 대화

MP3 026

기내의 시설이나 비품이 작동하지 않거나 문제가 있거나 해서 승무원에게 불편 사항을 이야기해야 할 때가 있습니다. 또한 기내의 다른 승객에게 불편 사항을 말하거나 부탁을 해야 할 때도 있지요.

불편 사항 표현

This remote control **isn't working**. 이 리모컨이 작동 안 하네요.

* isn't working = doesn't work / aren't working = don't work

I think my headphones **aren't working**.
제 헤드폰이 안 되는 것 같은데요.

* ~ isn't/aren't working 문장 앞에 I think를 쓰면 조심스럽고 부드러운 표현이 됩니다.

Something's wrong with these headphones.
이 헤드폰에 문제가 있네요.

The screen is frozen. (= The screen froze.) 화면이 멈췄어요.

There is no sound. 소리가 안 나요. (좌석 스크린)

다른 승객과의 대화

부탁

Could you close the window shade?
창문 덮개 좀 닫아 주실래요?

* window shade : 비행기 창문 덮개

Can I recline my seat? 의자 좀 뒤로 젖혀도 될까요?

* recline one's seat : 의자(의자 등받이)를 뒤로 젖히다
  ↔ pull up the back of one's seat : 의자 등받이를 올리다(세우다)

불편 사항 표현

This is my seat. 여긴 제 자린데요.

Could you please keep it down? 좀 조용히 해 주실래요?

Could you please pull up the back of your seat?
의자 등받이 좀 올려 주실래요?

Could you please stop kicking my seat?
제 의자 좀 발로 그만 차실래요?

* Can you ~?보다는 Could you ~?가 공손한 표현이고, Could you please ~?라고
  하면 조금 더 공손한 표현이 됩니다.

기내에서 할 수 있는 행동들
fasten one's seatbelt 안전띠를 매다
(**taxi** 활주로 주행 / **takeoff** 이륙 / **landing** 착륙)
recline one's seat 의자를 뒤로 젖히다
pull up the back of one's seat 의자 등받이를 세우다
put the seat back up 의자를 제자리로 보내다
kick the seat 의자를 발로 차다
change[switch] seats 좌석을 바꾸다
turn off the electronic devices 전자 기기를 끄다
fill out a form 양식을 작성하다
use the lavatory 화장실을 이용하다
flush the toilet 변기의 물을 내리다

영어 기내 표지판

23 ABC
좌석 번호 23A, 23B, 23C

Economy Class / Business Class / First Class
일반석 / 비즈니스석 / 일등석

Window / Aisle
창가 좌석 / 복도 쪽 좌석

EXIT
비상구

Fasten Seatbelt While Seated
자리에 앉아 있을 때는 안전띠를 착용하세요

Life Vest Under Your Seat
좌석 밑에 구명조끼가 있습니다

Lavatory - Vacant / Occupied
화장실 - 비었음 / 사용 중

No Smoking In Lavatory
화장실에서는 금연

Open Door Slowly
문을 천천히 여세요

As a Courtesy to the Next Passenger, May We Suggest That You Use Your Towel to Wipe Off the Water Basin. Thank You!
다음 승객을 배려하여 휴지로 세면대의 물을 닦아 주세요. 감사합니다!

탑승권(boarding pass) 보기

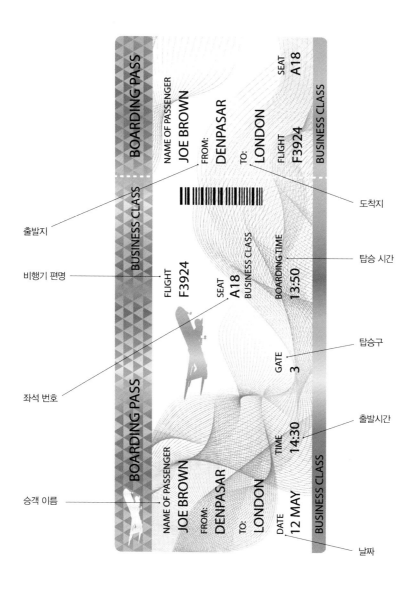

출발지

비행기 편명

좌석 번호

승객 이름

도착지

탑승 시간

탑승구

출발시간

날짜

BOARDING PASS

BUSINESS CLASS

NAME OF PASSENGER
JOE BROWN
FROM:
DENPASAR
TO:
LONDON
FLIGHT
F3924
SEAT
A18
BUSINESS CLASS

FLIGHT
F3924
SEAT
A18
BUSINESS CLASS

BOARDING TIME
13:50

GATE
3

TIME
14:30

DATE
12 MAY

BOARDING PASS

NAME OF PASSENGER
JOE BROWN
FROM:
DENPASAR
TO:
LONDON
BUSINESS CLASS

입국 신고서 작성하기

입국 신고서 예

성 ─────── **Family name / Nom / Apellidos**

이름 ────── **First name(s) / Prénom / Nombre**

성별 ────── **Sex / Sexe / Sexo**   **Date of birth / Date de naissance / Fecha de Nacimiento** ───── 생년월일

☐ M   ☐ F   D D M M Y Y Y Y

Town and country of birth / Ville et pays de naissance / Ciudad y país de nacimiento ───── 출생지

국적 ────── **Nationality / Nationalité / Nacionalidad**   **Occupation / Profession / Profesión** ───── 직업

영국 내 ──── **Contact address in the UK (in full) / Adresse (complète) au Royaume-Uni /**
연락처   **Dirección de contacto en el Reino Unido (completa)**

여권 번호 ─── **Passport no. / Numéro de passeport /**   **Place of issue / Lieu de délivrance /** ───── 여권 발급지
              Número de pasaporte   **Lugar de emisión**

Length of stay in the UK / Durée du séjour au Royaume-Uni / Duración de su ───── 체류 기간
estancia en el Reino Unido

Port of last departure / Dernier lieu de départ / Último punto de partida ───── 출발지

Arrival flight/train number/ship name / Numéro de vol/numéro de train/nom du ───── 도착 항공편/
navire d'arrivée / Número de vuelo/número de tren/nombre del barco/de llegada   기차편/배편

Signature / Signature / Firma ───── 서명

IF YOU BREAK UK LAWS YOU COULD FACE IMPRISONMENT AND REMOVAL
SI VOUS ENFREIGNEZ LES LOIS BRITANNIQUES, VOUS VOUS EXPOSEZ A UNE PEINE D'EMPRISONNEMENT ET LA DEPORTATION
SI INFRINGE LAS LEYES DEL REINO UNIDO PUEDE TENER QUE AFRONTAR ENCARCELAMIENTO Y ALEJAMIENTO

CAT	-16	CODE	NAT	POL

For official use / A usage officiel / Para uso oficial

방문 목적 (Purpose of Visit)

Tour/Holiday/Vacation 여행/휴가/휴가   **Visiting Friends/Relatives** 친구/친척 방문
Business 업무   **Business Trip** 출장   **Conference** 회의   **Study[Education]** 학업
Official 공무   **Employment** 취업   **Other** 기타

세관 신고서 작성하기

세관 신고서 예

This Space For Offical Use Only

U.S. Customs and Border Protection

Customs Declaration
19 CFR 122.27, 148.12, 148.13, 148.110,148.111, 1498; 31 CFR 5316

FORM APPROVED
OMB NO. 1651-0009

Each arriving traveler or responsible family member must provide the following information (only ONE written declaration per family is required). The term "family" is defined as "members of a family residing in the same household who are related by blood, marriage, domestic relationship, or adoption."

1 Family **Name**

First (Given) | Middle

2 **Birth date** Month Day Year

3 Number of **Family members** traveling with you

4 (a) U.S. Street **Address** (hotel name/destination

(b) City (c) State

5 **Passport issued by** (country)

6 **Passport number**

7 Country of **Residence**

8 **Countries visited** on this trip prior to U.S. arrival

9 **Airline/Flight No.** or **Vessel Name**

10 The primary purpose of this trip is **business:** Yes No

11 I am (We are) bringing
(a) fruits, vegetables, plants, seeds, food, insects: Yes No
(b) meats, animals, animal/wildlife products: Yes No
(c) disease agents, cell cultures, snails: Yes No
(d) soil or have been on a farm/ranch/pasture: Yes No

12 I have (We have) been in close proximity of **livestock:** Yes No
(such as touching or handling)

13 I am (We are) carrying **currency or monetary instruments** over $10,000 U.S. or foreign equivalent: Yes No
(see definition of monetary instruments on reverse)

14 I have (We have) commercial merchandise: Yes No
(articles for sale, samples used for soliciting orders, or goods that are not considered personal effects)

15 RESIDENTS—the total value of all goods, including commercial merchandise I/we have purchased or acquired abroad, (including gifts for someone else, but not items mailed to the U.S.) and am/are bringing to the U.S. is: $

VISITORS—the total value of all articles that will remain in the U.S., including commercial merchandise is: $

Read the instructions on the back of this form. Space is provided to list all the items you must declare.

I HAVE READ THE IMPORTANT INFORMATION ON THE REVERSE SIDE OF THIS FORM AND HAVE MADE A TRUTHFUL DECLARATION.

X
Signature   Date (month/day/year)   CBP Form 6059B (04/14)

1 성
 이름

2 생년월일

3 동반 가족 수

4 미국 내 주소

5 여권 발급 국가

6 여권 번호

7 거주 국가

8 미국 도착 전 여행국

9 항공편 번호

10 여행의 주된 목적이 출장이다.

11 (a) 과일, 채소, 식물, 씨앗, 식품, 곤충을 소지하고 있다.

(b) 육류, 동물, 동물/야생 동물 생산품을 소지하고 있다.

(c) 병원균, 세포 배양 조직, 달팽이를 소지하고 있다.

(d) 흙을 소지하고 있거나 농장/목장/목초지에 간 적이 있다.

12 가축 가까이 간 적이 있다.

13 미화 1만 달러 상당의 현금을 소지하고 있다.

14 상업적 물품을 소지하고 있다.

15 미국 거주자 - 상업적 물품 포함 해외에서 구입하여 미국으로 반입하는 모든 물품의 총 가치

방문자 - 상업적 물품 포함 미국에 남을 모든 물품의 총 가치

U.S. Customs and Border Protection Welcomes You to the United States

U.S. Customs and Border Protection is responsible for protecting the United States against the illegal importation of prohibited items. CBP officers have the authority to question you and to examine you and your personal property. If you are one of the travelers selected for an examination, you will be treated in a courteous, professional, and dignified manner. CBP Supervisors and Passenger Service Representatives are available to answer your questions. Comment cards are available to compliment or provide feedback.

Important Information

U.S. Residents—Declare all articles that you have acquired abroad and are bringing into the United States.

Visitors (Non-Residents)—Declare the value of all articles that will remain in the United States.

Declare all articles on this declaration form and show the value in U.S. dollars. For gifts, please indicate the retail value.

Duty—CBP officers will determine duty. U.S. residents are normally entitled to a duty-free exemption of $800 on items accompanying them. Visitors (non-residents) are normally entitled to an exemption of $100. Duty will be assessed at the current rate on the first $1,000 above the exemption.

Agricultural and Wildlife Products—To prevent the entry of dangerous agricultural pests and prohibited wildlife, the following are restricted: Fruits, vegetables, plants, plant products, soil, meat, meat products, birds, snails, and other live animals or animal products. Failure to declare such items to a Customs and Border Protection Officer/Customs and Border Protection Agriculture Specialist/Fish and Wildlife Inspector can result in penalties and the items may be subject to seizure.

Controlled substances, obscene articles, and toxic substances are generally prohibited entry.

The transportation of currency or **monetary instruments,** regardless of the amount, is legal. However, if you bring in to or take out of the United States more than $10,000 (U.S. or foreign equivalent, or a combination of both), you are required by law to file a report on FinCEN 105 (formerly Customs Form 4790) with U.S. Customs and Border Protection. Monetary instruments include coin, currency, travelers checks and bearer instruments such as personal or cashiers checks and stocks and bonds. If you have someone else carry the currency or monetary instrument for you, you must also file a report on FinCEN 105. Failure to file the required report or failure to report the total amount that you are carrying may lead to the seizure of all the currency or monetary instruments, and may subject you to civil penalties and/or criminal prosecution. SIGN ON THE OPPOSITE SIDE OF THIS FORM AFTER YOU HAVE READ THE IMPORTANT INFORMATION ABOVE AND MADE A TRUTHFUL DECLARATION.

Description of Articles (List may continue on another CBP Form 6059B)	Value	CBP Use Only
Total		

CBP Form 6059B (04/14)

CHAPTER 2

외국 공항에 도착해서 1
입국 심사, 수하물 찾기

외국 공항에 도착해서 2
세관 신고, 비행기 환승

▶ 영어 공항 표지판

외국 공항에 도착해서 1
ARRIVING 1

입국 심사
수하물 찾기

MP3 027

외국의 공항에 도착하면 제일 먼저 입국 심사를 받습니다. 입국 심사관은 입국 신고서만 보고 도장을 찍어 주기도 하지만, 그 나라를 방문한 목적, 직업, 체류 기간, 체류 장소 등을 물어볼 수 있습니다. 사진을 촬영하고 지문을 인식해야 하는 나라도 있습니다. 입국 심사가 끝나면 수하물을 찾는 곳에서 부친 짐을 찾습니다.

입국 심사

I'm here for sightseeing. 관광하러 왔습니다.

I'm here on vacation. 휴가차 왔어요.

I'm a student. 저는 학생입니다.

I work for a company. 회사원이에요.

I'll stay for seven days. 7일간 머물 거예요.

I'll stay at Forest Hostel. 포레스트 호스텔에 묵을 겁니다.

* 기내에서 배부하는 입국 신고서에 직업과 도착지에서 머무를 숙소 주소와 연락처를 기입해서 제출하지만, 그런 것들을 따로 질문하는 입국 심사관들도 있습니다.

수하물 찾기

Where is the baggage claim? 수하물 찾는 곳은 어디죠?

I can't find my luggage. 제 짐을 못 찾겠어요.

* baggage, luggage : 여행 갈 때 갖고 가는 가방과 짐. 셀 수 없는 명사여서 a baggage/luggage로 쓸 수 없고 짐 한 개/두 개를 나타내려면 a piece/two pieces of baggage/luggage라고 써야 합니다.

My bag hasn't come out. 제 가방이 안 나왔어요.

Could you help me find my bag?
제 가방 찾는 것 좀 도와주실 수 있나요?

My bag has been damaged. 제 가방이 손상됐어요.

PLUS
I'm here for sightseeing.이나 I'll stay for seven days.처럼 완전한 문장으로 말해도 좋지만, For sightseeing.이나 For seven days.처럼 간단히 핵심만 말해도 됩니다.

입국 심사 관련 표현

sightseeing 관광   **traveling** 여행   **vacation, holiday** 휴가
business 업무   **business trip** 출장
visit family/friends 가족/친구를 방문하다
stay at a hotel/my friend's house 호텔/친구 집에 머물다

여행용 짐 관련 표현

baggage, luggage 여행용 짐, 여행 가방
hardside luggage 하드케이스 여행용 가방
suitcase 여행용 가방, 캐리어
hardside suitcase 하드케이스 여행용 가방
backpack 배낭   **stroller** 유모차
checked baggage 부친 짐
carry-on (bag, baggage), hand luggage 기내 휴대용 짐
baggage (claim) tag 수하물(부친 짐) 꼬리표 (가방 손잡이에 붙어 있음)
baggage receipt 수하물(부친 짐) 영수증

Useful INFORMATION

MP3 028

입국 심사 팁

입국 심사를 받을 때는 미소 띤 얼굴로 심사관에게 Hello. 정도로 간단한 인사를 하는 게 좋습니다. 그리고 귀국 항공편의 e-ticket을 갖고 있으면 안전합니다.

입국 심사에서 흔히 받는 질문

What's the purpose of your visit? 방문 목적은 무엇인가요?
→ Sightseeing / Traveling / Business (Trip) / Conference
What's your job? / **What do you do for a living?** 직업은 무엇인가요?
→ Office worker / Student / Housewife …
How long will you be staying? / **When will you go back?**
얼마나 머물 예정인가요? / 언제 돌아가나요?
→ For five days. / Next Tuesday.
Where will you be staying? 어디에 머물 예정인가요?
→ At the Hyatt Hotel. / At my friend's house.

수하물을 못 찾았을 때

간혹 수하물이 분실되는 경우가 있습니다. 보통은 비행기에 실리지 못한 경우인데, 그럴 때는 너무 당황하지 말고 공항 직원에게 도움을 청하세요. 이런 때를 대비해서 수하물 영수증(baggage receipt)은 반드시 갖고 있어야 합니다. 한편, 비슷한 여행용 가방이 많아서 헷갈릴 수 있기 때문에 가방 손잡이에 리본을 매거나 스티커를 붙이는 등 눈에 쉽게 띄게 하는 게 좋습니다.

짐을 찾은 뒤에는 세관을 통과합니다. 세관 심사관은 신고할 물품이 있는지 묻거나 가방을 열어 보라고 한 후 이것저것 질문할 수도 있습니다.
또한 목적지까지 직항이 아니어서 비행기를 갈아타고 가는, 즉 환승하는 경우도 적지 않습니다.

세관 신고

I have nothing to declare.
신고할 게 없어요.

I want to declare a bag.
가방 하나 신고할게요.

This is a gift for my friend.
이건 제 친구 줄 선물이에요.

Do I have to declare this?
이거 신고해야 하나요?

I didn't buy that this time.
그건 이번에 산 게 아니에요.

How much is the tax?
세금이 얼마예요?

비행기 환승

Where can I transfer?
어디서 비행기를 갈아탈 수 있죠?

I'm connecting to Pacific Air Flight 777.
퍼시픽 에어 777편으로 갈아탑니다.

Which gate does FR1234 depart from?
FR1234 편은 몇 번 게이트에서 출발하나요?

What time does the boarding begin?
탑승은 몇 시에 시작됩니까?

Where is the transit lounge?
환승객 라운지는 어디인가요?

I've missed my connecting flight.
환승 비행기를 놓쳤어요.

PLUS
세관 심사관이 Do you have anything to declare?라고 물으면 I have nothing to declare.라고 완전한 문장으로 답해도 되고 Nothing.이라고 간단히 대답해도 됩니다.

세관 관련 표현
declare (세관에) 신고하다   **gift** 선물
tax 세금   **duty** 세금, 관세   **fine** 벌금   **pay** 내다, 지불하다
duty-free limit[allowance] 면세 한도

환승 관련 표현
transfer 환승하다, 환승   **transfer passenger** 환승객
connecting flight 환승 비행기   **transfer lounge** 환승객용 라운지
transit 통과   **transit passenger** 통과 여객
transit lounge 통과 여객용 라운지   **stopover** 스톱오버, 경유, 단기 체류
board 탑승하다   **boarding** 탑승   **(boarding) gate** 탑승구

transit 통과
중간 기착지에서 잠시 내려 대기했다가 동일 항공편에 다시 탑승하는 것.

transfer 환승
중간 기착지에 내려서 다른 항공편으로 갈아타는 것.

stopover 스톱오버
중간 기착지에서 국제선 기준 24시간 이상 체류하는 것. 보통 항공료가 저렴하고, 항공사에서 무료 관광을 제공하기도 합니다. 스톱오버 항공권을 이용하면 중간 기착지인 도시를 관광할 수 있다는 장점이 있습니다.

Useful INFORMATION

면세 한도와 세관 신고

공항 세관에서는 면세 한도를 넘는 면세품을 구매하지는 않았는지, 반입이 금지된 물품을 갖고 오지는 않았는지 등을 확인합니다. 그런 경우는 반드시 세관에 신고하고, 필요한 경우 세금을 내 거나 해야 합니다. 면세 한도는 나라마다 다르므로 출국 전에 미리 알아볼 필요가 있습니다. 우리 나라의 경우 내국인이 출국할 때 면세점 구매 한도는 없지만(2022년 3월에 구매 한도 폐지), 면 세 한도는 이전과 같이 미화 600달러입니다.

환승, 통과

환승(transfer)이나 통과(transit) 승객들은 공항 내부의 환승객용/통과 여객용 라운지(대합실)에 서 시간을 보낼 수 있습니다. 환승객용 라운지에는 수면실과 샤워실도 갖춰져 있는 경우가 있습 니다. 간혹 공항에서 무료 시티 투어를 제공하는 경우도 있으니 알아보고 참가하면 좋습니다.

여행을 도와주는 결정적 앱

공항 앱

자신이 도착하는 공항이나 환승하는 공항의 앱을 다운 받아서 활용해도 좋습니다.

영어 공항 표지판

Arrival 도착

 Arrivals →

Departure 출발

Domestic 국내선

International 국제선

Transfer 환승

Transit 통과

Connecting Flights, Flight Connections
항공 연결편

Baggage Claim
수하물 찾는 곳

 Baggage Claim ↑

Immigration, Passport Control
입출국 심사, 출입국 관리(소)

 Passport Control →

Foreign Passport Holders
외국 여권 소지자(= 외국인)

Customs (Control)
세관 검사장

 Customs Control →

Security Checkpoint
보안 검색대

Please Put Your Toiletries, Aftershaves, Perfumes and Cosmetics in 1 Plastic Bag.
세면용품, 애프터셰이브 로션, 향수, 화장품은 하나의 비닐봉지에 넣어 주세요.

100ml and Under
100밀리리터 이하

Over 100ml : Place in the Bins Provided
100밀리리터 초과 물품 : 제공된 쓰레기통에 넣어 주세요

Restricted Articles / Dangerous Goods
기내 반입 금지 물품 / 위험 물품

CHAPTER 3

교통수단

transportation

교통수단 1
TRANSPORTATION 1

이동 방법 문의
운행 시간 문의
승하차 장소 문의

MP3 030

여행지의 공항에 도착하면 버스, 지하철, 택시 등 대중교통을 이용하여 이동하게 됩니다. (유럽이나 미국, 호주에는 전차가 다니는 도시들도 있습니다.) 공항에는 각지로 향하는 철도(전철, 지하철)와 버스가 운행되고 있으며, 택시 승차장도 있습니다. (우리나라 공항을 생각해 보면 됩니다.) 시내를 다닐 때, 요즘은 교통수단 안내 앱이 잘되어 있어서 사람들에게 교통수단 관련 질문을 할 필요가 적어졌습니다. 하지만 여전히 사람들에게 물어봐야 할 때가 있죠. 어디서 내려야 하고 어디서 타야 하는지 물어야 할 때도 있고, 운행 시간을 물어봐야 할 때도 있고요.

이동 방법 문의

How can I go to Hotel Moonlight from here?
여기서 문라이트 호텔까지 어떻게 가죠?

How can I get to Times Square?
타임스스퀘어에는 어떻게 갈 수 있죠?

Which bus goes to Hyde Park?
어떤 버스가 하이드 파크에 가나요?

Does this go to the central station? 이게 중앙역에 가나요?

Is this bus for Pike Place Market?
이 버스가 파이크 플레이스 시장에 갑니까?

Is there a bus for downtown? 시내로 가는 버스가 있나요?

Do I have to take that bus to go to the gallery?
그 미술관에 가려면 저 버스를 타야 하나요?

Should I change subways at the next stop?
다음 정거장에서 지하철을 갈아타야 하나요?

운행 시간 문의

What time is the last bus? 마지막 버스는 몇 시예요?

When will the next train come? 다음 열차는 언제 오나요?

Do you know when the last train comes?
마지막 열차가 언제 오는지 아세요?

How long does it take to go there by bus?
버스로 거기 가는 데 얼마나 걸리나요?

승하차 장소 문의

Where is the bus stop/subway station/taxi stand?
버스 정류장/지하철역/택시 승차장이 어디에요?

Where can I take the bus?
버스는 어디서 탈 수 있죠?

Where can I take the line number one?
1호선은 어디서 탈 수 있습니까?

Where should I get off to go to Tate Modern?
테이트 모던에 가려면 어디서 내려야 하죠?

Where should I transfer?
어디서 갈아타야 하나요?

> **PLUS**
> 버스에서 내릴 때는 보통 STOP 버튼을 누르면 되지만, 버튼이 없는 경우, "I'm
> getting off(내립니다)."라고 말하세요. 또한 버스 기사에게 목적지를 말한 후 내릴
> 곳을 알려 달라고 부탁할 때는 "Please tell me when to get off(언제 내리면 될
> 지 말해 주세요)."라고 하면 됩니다.

대중교통 관련 표현
public transportation 대중교통   **bus** 버스
subway, underground/tube(영국), **metro**(프랑스) 지하철
tram 전차   **taxi, cab** 택시   **taxi stand** 택시 승차장
bus stop 버스 정거장   **bus number ~** ~번 버스
route 경로, 노선   **bus route map** 버스 노선도   **bus fare** 버스 요금
subway[underground, metro] station 지하철역
subway map 지하철 노선도   **timetable** 시간표
line number ~ (지하철) ~호선   **platform** 승강장
take the bus/train/subway/tram 버스/기차/지하철/전차를 타다
get on[hop on] 탈것에 오르다   **get off** 내리다
get to ~에 도착하다   **transfer** 환승하다
discount 할인   **designated seat** 지정 좌석
earliest train/bus (하루의) 첫차   **last train/bus** 막차

교통수단 1
Useful INFORMATION

subway, underground, tube, metro

지하철은 보통 subway로 알고 있지요. 그러나 영국에서 지하철은 underground 나 tube라고 합니다. 지하를 달리므로 underground, 열차나 터널 모양이 둥근 관 모양이어서 tube라는 이름을 얻었지요. 한편, 프랑스에서는 지하철을 metro라고 부릅니다.

지하철 이용 시 유의할 점

유럽의 경우 모든 역에 무조건 정차하지 않고 버스처럼 하차 버튼을 눌러야 정차하는 지하철도 있으니 유의하세요.

여행을 도와주는 결정적 앱

시티맵퍼 Citymapper

전 세계 30개 이상 도시의 대중교통 안내 및 길 찾기 앱

교통수단 2
TRANSPORTATION 2

대중교통을 이용하려면 보통 미리 표를 구입해야 합니다. 그러자면 어디서 표를 살 수 있는지 물어봐야 할 때가 있습니다. 자동 발매기로 구입할 때는 말할 필요가 없지만, 매표소에서 구입할 때는 표의 종류, 가격 등을 물어보고, 행선지와 매수 등을 말해야 합니다.

표 구입

Where is the ticket office?
매표소는 어디인가요?

Where can I buy a ticket?
표는 어디서 살 수 있나요?

How much is a round-trip ticket?
왕복표는 얼마예요?

One adult, **please**.
성인 한 명 주세요.

A ticket to Boston, **please**.
보스턴행 표 한 장 주세요.

* a ticket to ~ : ~행 표

I'd like to take the 5 p.m. train.
5시 기차 타고 싶어요.

Do you have a one-day pass?
일일 패스가 있나요?

I have a 7-day Eurail Global Pass.
저는 유레일 글로벌 패스 7일 권이 있어요.

The ticket machine **isn't working**.
승차권 발매기가 작동이 안 돼요.

101

표 관련 단어

one-way 편도(의)   **round-trip** 왕복(의)
adult 성인   **child** 소아
ticket office, ticket booth, ticket counter 매표소
ticket machine 표 자동 발매기   **timetable** 시간표
window seat 창가 좌석   **aisle seat** 복도 쪽 좌석

교통수단 2

Useful INFORMATION

버스와 지하철의 표 구입

해외에서 버스를 이용할 때는 미리 승차권이나 패스를 구입하거나 알맞은 현금을 준비하는 게 좋습니다. 거스름돈을 주지 않는 경우가 대부분이기 때문이죠. 지하철은 우리나라와 마찬가지로 자동발매기나 매표소에서 미리 표를 구입하여 탑승하면 됩니다. 자동발매기는 대개 현금과 신용카드를 모두 이용할 수 있습니다.

기차 패스

유럽은 기차가 발달해서 여러 나라를 기차로 여행할 수 있습니다. 외국인 여행자들이 경제적으로 기차를 이용할 수 있는 다양한 기차 패스도 있습니다. 유레일패스를 비롯한 다양한 기차 패스를 미리 구입하여 이용하면 경제적이고 편리합니다. (www.raileurope.co.kr)

암트랙 Amtrak

전미여객철도공사. 미국의 대표적 여객 철도 회사로, 세계 최대 규모의 철도망을 자랑합니다. 미국 전역 500개 이상의 도시를 연결합니다.

그레이하운드 Greyhound

미국의 장거리 버스. 알래스카와 하와이를 제외한 미국 전역과 캐나다, 멕시코 일부 도시 등 북미의 3,800여 개 지점을 연결합니다.

여행을 도와주는 결정적 앱

레일 유럽 Rail Europe / DB 내비게이터 DB Navigator

유럽 기차표 예약 앱

교통수단 3
TRANSPORTATION 3

택시 이용
콜택시 이용

MP3 032

여행 중에도 택시를 이용하게 될 때가 있습니다. 택시를 탈 때는 운전사에게 행선지를 말하고, 운임을 물어보고, 지불 방법을 묻거나 말하고, 원하는 하차 지점을 설명하는 등 영어로 말을 하지 않을 수 없지요. 대중교통 수단 가운데 영어로 말을 해야 할 필요가 가장 많은 것이 택시일 겁니다.

택시 이용

택시 탈 때

Robinson Hotel, **please.** 로빈슨 호텔 부탁합니다.

(To) This address, **please.** 이 주소로 가 주세요.

I'm going to Kings Cross Station.
킹스 크로스 역에 가려고요.

I'll go to the Opera House.
오페라하우스에 갈게요.

Open the trunk, **please.** 트렁크 좀 열어 주세요.

How long does it take?
시간이 얼마나 걸리나요?

I need to go there by 12:30.
거기 12시 반까지 가야 해요.

Could you get me there as soon as possible?
거기 가능한 한 빨리 가 주실 수 있나요?

Please drive more slowly. I'm feeling motion
sickness. 좀 더 천천히 가 주세요. 멀미가 나서요.

하차 및 요금 지불

Please stop over there. 저쪽에 세워 주세요.

Could you stop at the crosswalk?
건널목에서 세워 주실 수 있나요?

How much is the fare? 요금은 얼마예요?

Can I pay by (credit) card? 카드로 내도 되나요?

Keep the change. 잔돈은 괜찮아요.

콜택시 이용

(택시가 도착했을 때)

Driver : Hello. Ms. Min? 안녕하세요. 민 씨 맞으세요?

Passenger : Yes(, I am). 네.

(탑승 후)

Driver : Are you Ms. Min Yunji? 민윤지 씨세요?

Passenger : Yes, I am. 네, 맞아요.

Driver : Are you going to ~? ~ 가시는 거죠?

Passenger : Yes. **I'm going** there. 네, 맞습니다.

> **PLUS**
> 어디로 가자고 행선지를 말할 때 I'm going to ~.나 I'll go to ~. 혹은 I wanna
> go to ~.로 말할 수도 있고, 간단히 ~, please.라고 말할 수도 있습니다.

택시 관련 표현
taxi, cab 택시   **yellow cab** 옐로캡(뉴욕의 택시)
black cab 블랙캡(런던의 중형 택시)
taxi stand 택시 승차장   **taxi driver** 택시 운전사
destination 행선지, 목적지   **fare** 요금   **base fare** 기본요금
change 잔돈, 거스름돈   **tip** 팁   **open the trunk** 트렁크를 열다

교통수단 3

Useful INFORMATION

뉴욕의 옐로캡, 런던의 블랙캡

영화 등에서 많이 볼 수 있듯 뉴욕의 택시는 노란색입니다. 그래서 옐로캡(yellow cab)이라고 부르죠. 옐로캡은 현금이나 신용카드로 이용할 수 있고 10~15%를 팁으로 주는 게 좋습니다.

런던의 택시는 클래식한 모양에 검은색으로 블랙캡(black cab)이라고 부릅니다. 런던의 블랙캡은 전 세계 최고의 택시로 몇 차례 선정되기도 한 런던의 명물이자 자랑입니다. 요금은 미터제이며 요금의 10% 정도를 팁으로 주는 게 좋습니다.

블랙캡이 다니지 않는 곳은 미니캡(mini cab)이라는 택시를 이용할 수 있는데, 거리에 따라 정해진 요금이 있고 블랙캡보다 조금 저렴합니다.

여행을 도와주는 결정적 앱

우버 Uber
공유 택시인 우버 호출 앱

그랩 Grab
동남아 일부 국가의 공유 택시 호출 앱

게트 Gett
영국, 러시아, 이스라엘, 미국,
유럽 각지에서 사용되는 택시 호출 앱

프리나우 Free Now
유럽 여러 나라에서 사용되는 택시 호출 앱
(myTaxi가 프리나우로 변경)

외국에서 차량을 빌려서 여행을 할 수도 있습니다. 외국에서 운전을 하려면 국제 운전면허증이나 영문 운전면허증이 필요합니다. 사전에 국제 운전면허증을 발급받고 현지에서 렌터카를 빌려서 직접 운전할 수 있습니다. 차를 빌릴 때는 원하는 차의 종류, 이용 일수, 비용, 반납처 등에 대해 이야기를 나눠야겠죠.

렌터카 이용

차종, 사용 일수

I'd like to rent a car. 차를 빌리고 싶은데요.

* rent a car : 차를 빌리다[렌트하다]
  rent-a-car : 렌터카

I want a compact car. 소형차로 할게요.

I'd like an SUV. SUV를 원하는데요.

I'd like to rent it/**I need** it/**I'll** use it for five days.
5일간 빌리고 싶어요/필요해요/쓸 거예요.

비용, 보험

How much is it per day? / **How much** do you charge per day? 하루에 얼마예요?

Does this rate include insurance?
요금에 보험료가 포함돼 있나요?

What kind of insurance is included?
어떤 보험이 가입돼 있나요?

I don't need this. 이 보험은[이 서비스는] 필요 없어요.

반납, 문제점

Where should I return the car? 어디에 차를 반납하면 되죠?

If I return it ahead of schedule, **can I** get a refund?
예정보다 미리 반납하면, 환불 받을 수 있나요?

I think this GPS **isn't working.**
내비게이션이 작동이 안 되는 것 같아요.

주유

Fill it up with unleaded (gasoline), **please.**
무연 휘발유 가득 채워 주세요.

Fifty dollars, **please.** 50달러어치 넣어 주세요.

> **PLUS**
> 이런 질문을 들을 거예요.
> **What kind of car do you want?** 어떤 종류의 차를 원하세요?
> **How long do you need it?** 얼마나 사용하실 건가요?

차량 렌트 관련 표현
international driver's license 국제 운전 면허증
compact car, small car, economy car 소형차　**midsize car** 중형차
SUV (sport utility vehicle) 스포츠 실용차　**automatic car** 자동 기어 차량
GPS (system) 내비게이션　**rent-a-car** 렌터카, 승용차 대여(업)
rent a car 차를 렌트하다, 빌리다　**return a car** 차를 반납하다
put gas, fill up with gas, refuel 주유하다　**gas station** 주유소
gasoline 휘발유 (**regular** 보통 / **unleaded** 무연)　**diesel** 경유
electric car 전기차　**charge an electric car** 전기차를 충전하다
EV charging station 전기차 충전소
(car) insurance (자동차) 보험
park 주차하다　**car park, parking lot** 주차장
parking fee 주차료

교통수단 4

Useful INFORMATION

국제 운전면허증 발급

전국의 운전면허시험장과 경찰서, 인천공항과 김해공항, 제주공항의 국제운전면허 발급센터에
여권과 운전면허증, 6개월 이내에 촬영한 컬러 여권 사진(3.5㎝＊4.5㎝) 1장을 가지고 가서 신청
하면 바로 국제 운전면허증을 발급받을 수 있습니다. (대리 신청의 경우, 이 서류 외에 위임장과
대리인 신분증도 필요합니다.) 해외에서 운전하려면 이 국제 운전면허증과 아울러 국내 운전면허
증과 여권도 반드시 있어야 합니다. 국제 운전면허증의 유효 기간은 1년입니다.

* 베트남에서는 국제 운전면허증으로 운전이 불가합니다.

영문 운전면허증

운전면허증 분실 시 전국의 운전면허시험장과 경찰서(강남경찰서 제외)에 신분증을 가지고 가서
국문 겸용 영문 운전면허증을 발급받을 수 있습니다. 2022년 4월 현재 영문 운전면허증이 인정
되는 국가는 영국, 스위스, 네덜란드, 스웨덴, 호주, 필리핀, 홍콩 등 총 50여 개 국입니다. 자세한
내용은 www.safedrivng.or.kr을 참고하세요.

차량 렌트

현지의 렌터카 매장에서 차를 빌릴 수도 있고, 아래에 소개한 애플리케이션[앱]을 통해 빌릴 수도
있습니다. 차를 빌릴 때는 보험 가입 여부나 내비게이션 등을 확인해야 하고, 반납할 때는 처음
들어 있던 만큼 기름을 채워서 반납해야 합니다.

영국, 호주, 홍콩, 일본 등에서는 운전석이 오른쪽에 있고 차량은 왼쪽 도로로 운행합니다. 우리나
라와 방향이 반대이니 조심해야 합니다.

영어 대중교통 표지판

To ~ ~ 행

Via ~ ~ 경유

Bus Stop 버스 정거장

Timetable 시간표

Route 경로, 노선

Stop 하차 버튼

Press Button To Open Door
누르면 문이 열립니다

Priority Seat 노약자, 임산부 배려석

Station, St. 역

Subway, Metro 지하철

Underground (런던) 지하철

Platform 승강장

Mind the Gap
승강장과 차량 사이 간격에 유의하세요

Train Approaching
열차가 들어오고 있습니다

Exit 비상구

Vacant (택시) 빈 차

영어 도로 표지판

Speed Limit 속도 제한

Ped Xing, Pedestrian Crossing
보행자 횡단보도

School Xing, School Crossing
학교 앞 횡단보도

Speed Bump Ahead
전방에 과속 방지턱 있음

One Way 일방통행

Detour 우회하시오

Give Way, Yield 양보하시오

Dead End 막다른 길

Do Not Enter, No Entry 진입 금지

Road Work Ahead
도로 공사 중

Work Zone 공사 중

Road Closed 도로 폐쇄

Passing Lane Ahead
전방에 추월 차선

Left Lane for Passing
좌측 차선은 추월 차선

Do Not Pass 추월 금지

Railroad Crossing
철도 건널목

CHAPTER 4

accommodation

대부분 숙소는 미리 예약하고 가지만, 간혹 현지에 가서 방을 구해야 할 때도 있습니다. 그럴 때는 원하는 방이 있는지 문의해야겠죠.
미리 예약을 했거나 원하는 방이 있는 경우에는 체크인을 합니다. 체크인할 때는 여권을 보여 주고 필요한 서류를 작성한 다음 방 열쇠를 받습니다. 그리고 조식 시간과 장소, 그 외의 서비스와 시설 이용법에 대해 설명을 듣습니다.

방 문의

Do you have vacancies? 빈방 있습니까?

Do you have a single non-smoking room?
금연 싱글룸 있나요?

Do you have a room for three? 세 사람 묵을 방 있나요?

I'll stay for four nights. 4일 묵을 거예요.

I'd like a room with a view. 전망 좋은 방이면 좋겠어요.

How much is the room per night? 숙박료는 하룻밤에 얼마죠?

Do you **provide breakfast?** 아침 식사 제공하시나요?

체크인/체크아웃

Can I check in now? 지금 체크인할 수 있을까요?

I'd like to check in. 체크인하고 싶습니다.

Check in, **please.** 체크인할게요.

Here is my voucher. 바우처(예약 증명서) 여기 있어요.

When can I check in? 언제 체크인할 수 있죠?

I'm stay**ing** for three days. 3일 묵으려고 합니다.

I'm check**ing** out tomorrow. 내일 체크아웃하려고요.

What time is check-out? 체크아웃은 몇 시인가요?

Can I check out late? 늦게 체크아웃할 수 있을까요?

I'd like to check out one hour late.
한 시간 늦게 체크아웃하고 싶습니다.

Can I leave my luggage here until 2 o'clock?
2시까지 짐 좀 여기 둬도 될까요?

PLUS
이런 질문을 들을 거예요.
How many days will you stay? 며칠 묵으실 거예요?
What kind of room do you want? 어떤 방을 원하세요?
Smoking? Non-smoking? 흡연실? 금연실?

숙소 투숙 관련 표현

vacancy, vacancies 빈방   **room for ~** ~인용 방[인실]   **per night** 1박에
single room 1인실   **double room** 더블룸   **twin room** 트윈룸
triple room 3인실   **quadruple room** 4인실   **extra bed** 추가 침대
a room with a(n) ocean/mountain/river view 바다 쪽/산 쪽/강이 보이는 방
non-smoking room 금연실   **smoking room** 흡연실
check in 체크인하다   **check-in** 체크인, 투숙 절차
check out 체크아웃하다   **check-out** 체크아웃, 퇴실 절차
reserve 예약하다   **reservation** 예약   **make a reservation** 예약하다
voucher 바우처(예약 증명서)   **stay** 묵다, 숙박하다, 머물다

Useful INFORMATION

숙소 예약

다양한 숙소 예약 사이트나 앱을 이용하여 사전에 숙소를 예약하고 가는 것이 안전하고 가격도 저렴한 경우가 많습니다. 최저가로 예약하면 환불이 안 되는 경우도 있으니 잘 확인하고 예약하세요.

체크인/체크아웃

보통 체크인 시간은 오후 2~4시 사이, 체크아웃 시간은 오전 10~11시경이지만 숙소마다 차이가 있으니 확인해야 합니다. 체크인을 정해진 시간보다 일찍 할 수 있는 경우도 적지 않으니 일찍 도착했다면 호텔에 문의하도록 하세요. 또한 체크아웃을 늦게 하면 비용이 발생하는 경우도 있으니 확인해야 합니다.

여행을 도와주는 결정적 앱

부킹닷컴 Booking.com
트립어드바이저 Tripadvisor
트리바고 trivago
아고다 Agoda
호텔스닷컴 Hotels.com

호텔 등 숙소 예약 앱

호스텔월드 Hostelworld.com

호스텔 예약 앱

에어비앤비 Airbnb

에어비앤비 예약 앱

식당, 커피숍, 수영장, 헬스장, 사우나, 온천 등 숙소의 부대시설 이용에 대해 질문할 수 있습니다. 영업시간, 비용, 주의 사항 등을 물어볼 수 있을 것입니다. 에어컨이나 히터, 샤워기, 변기 등 객실 시설에 문제가 생겼을 때 불편 사항을 말해야 하는 경우도 있습니다.

시설·서비스 이용 문의

When is breakfast time? / **When** do you serve breakfast? 아침 식사 시간은 언제인가요?

Where can I have breakfast? / Where do you serve breakfast? 아침 식사는 어디서 먹을 수 있죠?

What time does the spa open?
온천은 몇 시에 여나요?

What time does the coffee shop close?
커피숍은 몇 시에 문을 닫나요?

* 시간/시기를 물어볼 때는 When과 What time을 둘 다 써도 되지만 구체적인 시간이 궁금하다면 What time으로 물으세요.

When can we use the pool?
언제 수영장을 이용할 수 있죠?

Do you have Wi-Fi in the room?
객실에서 와이파이가 되나요?

How can I use Wi-Fi in my room?
객실에서 와이파이를 쓰려면 어떻게 하죠?

Do you have a shuttle to the airport?
공항 가는 셔틀버스가 있나요?

Is this toothbrush complimentary?
이 칫솔 그냥 써도 되는 거예요?

* complimentary : 무료의

Do I have to return my room key when I leave?
나갈 때 방 열쇠를 반납해야 하나요?

Do you know if there's a drugstore near this
hotel? 이 호텔 근처에 약국이 있는지 아세요?

Do you know where I can buy some fruit?
어디서 과일을 살 수 있는지 아세요?

불편 사항 말하기

The heater **isn't working.**
히터가 작동 안 돼요.

The Wi-Fi **isn't working** in my room.
제 방에서 와이파이가 안 되는데요.

The toilet doesn't flush.
변기에 물이 안 내려가요.

There's no hot running water.
뜨거운 물이 안 나와요.

* There's no ~ : '~가 없어요' '~가 안 돼요'라는 의미로 쓸 수 있는 간단한 표현.

> 예) There's no Wi-Fi. 와이파이가 안 돼요.
> There's no sound on the TV. TV에서 소리가 안 나요.

Could you check the air conditioner?
에어컨 좀 확인해 주실래요?

I locked myself out.
방문이 잠겼어요.

The TV screen **isn't working.**
TV 화면이 안 나와요.

숙소의 시설과 서비스 관련 표현

dining area, restaurant 식당   **laundry room** 세탁실
gym 헬스장   **pool** 수영장   **sauna** 사우나   **spa** 온천
housekeeping 객실 관리(청소)   **make the bed** 침대를 정리하다
meal 식사   **room service** 룸서비스   **coffee machine** 커피머신
laundry service 세탁 서비스   **pick-up service** 차량 제공 서비스

객실 설비, 비품

light 조명   **AC, air conditioner** 에어컨   **heater** 히터
refrigerator, fridge 냉장고   **electric kettle** 전기 주전자
tub, bathtub 욕조   **shower** 샤워기   **toilet** 변기
hair dryer 헤어드라이어   **hanger** 옷걸이   **socket** 콘센트
iron 다리미   **safe** 금고   **bed sheet** 침대 시트   **pillow** 베개
minibar 미니바(객실에 비치된 음료와 간식, 주류 등. 이용하면 체크아웃 시 계산을 해야 함)

숙소에서 2
Useful INFORMATION

숙소 시설 최대한 이용하기

호텔에는 식당, 커피숍 외에도 수영장, 헬스장, 사우나, 온천, 비즈니스센터 등의 부대시설이 갖춰
져 있는 경우가 있습니다. 자신이 묵는 호텔에 어떤 시설이 있는지 미리 확인해 보고 가세요. 보
통 호텔 홈페이지에 이용 방법이 나와 있고, 체크인할 때 직원에게 물어봐도 됩니다.

객실 번호 말하기

객실 번호가 세 자리일 때는 각 자리 숫자를 따로따로 읽습니다.
예) 401호 : four o one
객실 번호가 네 자리일 때는 두 자리씩 끊어서 읽습니다.
예) 1107호 : eleven o seven

숙소에서 3
ACCOMMODATION 3

물품 요청
서비스 요청

MP3 036

숙소에서 수건이나 칫솔, 비누, 멀티 어댑터 등 물품을 요청해야 할 때가 있습니다. 침대 시트 교환을 요청해야 할 때도 있고요. 한편, 모닝콜을 부탁하거나(요즘은 스마트폰에 알람 기능이 있어서 이런 부탁을 할 일은 거의 없겠지만요.) 택시를 불러 달라고 하거나(역시 우버 등 택시 호출 앱이 있어서 이런 부탁을 할 일도 예전보다는 줄었겠지요.) 호텔 주변 지도나 시내 지도 등을 부탁할 수도 있습니다. 호텔 주변 지도에는 편의 시설과 맛집 등이 표시되어 있으니 하나씩 받아 두세요.

물품 요청

Can I get one more towel?
수건 하나 더 주실 수 있어요?

Can I get a toothbrush?
칫솔 하나만 주실래요?

Could you change the bed sheet?
침대 시트 좀 바꿔 주실 수 있나요?

* Please give me one more towel. 등으로 말할 수도 있지만, Can I ~?로 쓰면 좀 더 완곡한 표현이 됩니다. 그리고 물품을 추가로 제공하는 게 당연한 일이 아닐 수 있습니다.

Can I borrow a multi adapter?
멀티 어댑터 좀 빌릴 수 있을까요?

서비스 요청

Can I get a neighborhood map?
주변 지도 하나 얻을 수 있을까요?

Could you give me a wake-up call?
모닝콜 좀 해 주실 수 있나요?

* give a wake-up call : 모닝콜을 해 주다

Could you call a taxi for me?
택시 좀 불러 주실 수 있어요?

* call a taxi : 택시를 부르다

I need to use the printer.
프린터를 좀 써야 하는데요.

I need to wash my clothes.
옷을 세탁해야 합니다.

PLUS
내가 뭘 하거나 받을 수 있는지 물을 때는 'Can I ~?', 상대방이 무언가 해 줄 수 있
는지 물을 때는 'Could you ~?'.

객실 용품
amenity 호텔에서 무료로 제공하는 편의 용품
towel 수건　**toothbrush** 칫솔　**toothpaste** 치약
soap 비누　**hair conditioner** 헤어 컨디셔너　**body wash** 바디워시
hair brush 머리빗　**cotton pad** 화장솜　**cotton swab, cotton bud** 면봉
toilet paper 화장지　**slippers** 슬리퍼　**laundry bag** 세탁물 주머니
multi adapter 멀티 어댑터　**smartphone charger** 스마트폰 충전기

Useful INFORMATION

amenity(무료 제공 편의 용품)

호텔 객실에 무료로 비치되어 있는 소모품과 서비스 용품으로, 샴푸, 헤어 컨디셔너, 바디워시, 비누, 스킨, 로션 등입니다. 호스텔이나 게스트하우스에서는 이런 소모품을 제공하지 않는 경우가 대부분이므로 따로 준비하세요.

객실 청소

환경 보호 차원에서 객실 청소를 매일 하지 않을 경우 숙박료를 할인해 주는 호텔들이 있습니다. 객실이 특별히 더러워지지 않았다면 이틀 정도는 청소를 하지 않아도 괜찮지요. 청소를 하지 않아도 수건은 교체해 줍니다.

그런 서비스를 실시하지 않는 호텔이더라도 청소를 원하지 않을 경우 객실 문손잡이에 걸린 표지판을 Please Do Not Disturb(방해하지 마세요)로 해놓고 나가면 됩니다. 반대로 방 청소를 원할 때는 문손잡이에 Please Make Up Room(객실 청소해 주세요) 표지판을 걸고 나가면 됩니다.

서양의 팁 문화 – 호텔

• 미국 : 객실 청소 하루에 1~5달러, 짐 운반 직원/주차 요원에게 1~5달러,
  도어맨이 택시 잡아 주면 1~2달러, 컨시어지 5~10달러
• 캐나다 : 객실 청소 하루에 1~2달러, 짐 운반 직원 짐 1개당 2달러 정도
• 영국 : 짐 운반 직원에게 2파운드 정도

영어 숙소 표지판

Vacancy, Vacancies
빈방 있음

No Vacancy, No Vacancies
빈방 없음

Reception
리셉션, 프런트

체크인과 체크아웃, 숙소와 관련한 전반적인 안내를 하는 곳.

Concierge
컨시어지

'컨시어지'는 프랑스어에서 온 단어로, 원래는 건물의 관리인이나 문지기를 가리킵니다. 현재 쓰이는 의미는 '호텔의 안내인'이라는 뜻으로, 호텔 투숙객의 다양한 문의에 응답하고 각종 서비스를 제공하는 곳입니다.

Amenity
객실에 무료로 제공하는 편의 용품

* **Complimentary** 무료의, 서비스인

Please Do Not Disturb
방해하지 마세요

객실 문손잡이에 걸어 두는 표지 중 하나로, 호텔 직원의 객실 출입을 제한할 수 있습니다. 객실 청소가 필요 없거나 객실에서 쉬고 싶을 때 걸어 둡니다.

Please Make Up Room
객실 청소해 주세요

객실 문손잡이에 걸어 두는 표지 중 하나로, 객실 청소를 해달라는 뜻입니다.

호텔 외의 다양한 숙소

호스텔, 유스호스텔 Hostel, Youth Hostel

대표적인 저렴한 숙박 시설로, 독일에서 처음 생겨났으며 유럽에 보편화되어 있습니다. 과거에는 젊은이들이 주로 묵어서 유스호스텔이라고 했지만, 나이 제한이 없어진 지금은 보통 호스텔이라고 부릅니다. 하나의 방에서 적게는 2명, 많게는 8~10명까지 묵는데, 2층 침대 두 개 이상이 있는 방은 '도미토리(dormitory)'라고 부릅니다. 여성, 남성 도미토리가 분리되어 있는 경우가 많지만 혼성 도미토리도 있습니다. 세면 시설과 화장실은 공용입니다. 호텔보다 훨씬 가격이 저렴하고 여러 나라의 친구들을 사귈 수 있다는 장점이 있습니다. 보통 간단한 아침 식사를 제공합니다. Hostelworld 앱에서 전 세계 호스텔 예약이 가능합니다.

게스트하우스 Guest House

호스텔과 비슷한 저렴한 숙박 시설이지만 대개 호스텔보다 규모가 작습니다. 개인이 운영하는 경우가 일반적이고 단체실보다는 2~4인용 개인실이 대부분입니다. 민박이 진화한 유형이라고 볼 수 있습니다.

베드 앤드 브렉퍼스트, 비앤비 Bed and Breakfast, B&B

영국, 미국, 유럽 일부 국가에 존재하는 숙박 형태로, 말 그대로 숙박과 아침 식사를 제공합니다. 자신의 집을 숙박 시설로 운영하는 경우가 대부분이며, 대개 주인이 그 집에 삽니다. 세면 시설과 화장실은 객실에 딸린 경우도 있고 공용인 경우도 있습니다. 민박이나 게스트하우스와 유사한 형태라 할 수 있습니다.

에어비앤비 airbnb

2008년에 시작된 숙박 공유 서비스로, 자신의 집이나 별장을 숙박 시설로 임대하는 것입니다. airbnb 사이트나 앱에서 원하는 지역의 적당한 숙소를 구할 수 있습니다.

한인 민박

유럽이나 미국, 캐나다, 호주 등에 거주하는 한국인들이 운영하는 민박으로, 주인이 한국인이므로 정보를 얻기 쉽고 한식을 먹을 수 있다는 장점이 있습니다. 단, 불법으로 운영되는 민박도 있으니 조심해야 합니다.

CHAPTER 5

거리에서
on the street

거리에서 1
ON THE STREET 1

길 문의
대중교통 문의

MP3 037

여행지는 우리에게 익숙하지 않은 곳이기 때문에 거리에서 길을 물어야 할 때가 적지 않습니다. 요즘은 다양한 지도 앱이 잘되어 있어서 사람들에게 묻지 않고 길을 잘 찾을 수 있기도 하지만, 사람들에게 묻는 것이 더 빠르고 효율적일 때도 적지 않습니다.

길 문의

Could you show me the way to King's Cross Station?
킹스크로스 역으로 가는 길 좀 알려 주실 수 있으세요?

Do you know how to get to MoMA?
뉴욕현대미술관에 어떻게 가는지 아세요?

Do you know where the train station is?
기차역이 어디인지 아세요?

How can I go to Broadway?
브로드웨이에는 어떻게 갈 수 있나요?

I'm looking for a pharmacy. 약국을 찾고 있는데요.

How far is it from here to the museum?
여기서 그 박물관까지 거리가 얼마나 되나요?

* How far ~? : 거리를 묻는 표현

Can I walk to the market? 그 시장까지 걸어갈 수 있나요?

* walk to ~ : 걸어서 ~에 가다

Do I have to turn right or turn left?
우회전해야 하나요 좌회전해야 하나요?

Could you draw me a map? 약도를 좀 그려 주실 수 있으세요?

대중교통 문의

Do I have to take a taxi to get there?
거기 가려면 택시를 타야 하나요?

Do I have to take a bus or subway to go to the British Museum?
영국 박물관에 가려면 버스를 타야 하나요, 지하철을 타야 하나요?

* Do I have to ~? = Should I ~?

How long does it take to go there by bus?
버스로 거기까지 가는 데 얼마나 걸리죠?

* How long ~ : 무언가를 하는 데 걸리는 시간을 묻는 표현

Is there a bus stop around here?
이 근처에 버스 정류장이 있습니까?

Where is the taxi stand? 택시 승차장이 어디죠?

Where should I get off to go to the Sydney Opera House?
시드니 오페라 하우스에 가려면 어디서 내려야 해요?

> **PLUS**
> 물어보기 전에 Excuse me.로 주의를 환기시키는 게 좋겠지요? 대답을 들은 다음에는 Thank you.로 마무리하는 것 잊지 마시고요.

길을 알려 주는 표현

go straight ahead 앞으로 똑바로 가다, 직진하다
turn right/turn left 우회전하다/좌회전하다
at the corner 모퉁이에서
crosswalk 횡단보도 (영국에서는 **pedestrian crossing, zebra crossing**)
intersection 교차로, 사거리
cross 건너다, 횡단하다
traffic signal[light] 신호등
walking distance 걸어서 갈 수 있는 거리

방향을 나타내는 표현

north 북쪽   **south** 남쪽   **east** 동쪽   **west** 서쪽
northern 북쪽의   **southern** 남쪽의   **eastern** 동쪽의   **western** 서쪽의
right 오른쪽   **left** 왼쪽   **far** 먼   **close** 가까운
direction 방향

거리에서 1
Useful INFORMATION

길에서 도움을 청할 때

처음 보는 사람에게 무언가 부탁하거나 도움을 청할 때는 Excuse me.라고 말한 후 Can you speak English?, Could you help me?, Can you show me the way to ~? 등으로 Can you ~?나 Could you ~?를 이용해서 말하면 됩니다.

길을 물을 때

지도나 지도 앱을 펴 놓고 길을 물으면 상대방도 길을 알려 주기가 더 쉽습니다.

호객 행위 등을 거절할 때

거리에서 호객 행위를 하거나 원치 않는데 말을 거는 사람이 있다면 그냥 지나쳐도 되고, No thanks(괜찮아요).나 I'm busy(바빠요).라고 말하고 지나치면 됩니다.

여행을 도와주는 결정적 앱

구글맵 Google Maps
대표적인 지도 앱

시티맵퍼 Citymapper
전 세계 30개 이상 도시의
대중교통 안내 및 길 찾기 앱

거리에서 2
ON THE STREET 2

거리에서 사람들에게 공중화장실이나 편의점, 현금 인출기 등 시설의 위치와 이용법을 물어야 할 때가 있습니다. 또한 인터넷, 즉 와이파이를 이용할 수 있는 곳이 있는지도 물어볼 수 있습니다. 사진을 찍어도 되는지 묻거나 사진을 찍어 달라고 부탁해야 할 수도 있습니다.

시설 이용 문의

Do you know where an ATM is?
현금 인출기가 어디 있는지 아세요?

Do you know where I can wash my hands?
화장실이 어디 있는지 아세요?

* wash one's hands에 '화장실에 가다'라는 뜻이 있습니다.

Where is the nearest convenience store?
가장 가까운 편의점이 어디인가요?

인터넷·전화 이용 문의

Where can I use Wi-Fi? 어디서 와이파이를 사용할 수 있나요?

Is there any place I can charge my phone?
전화기를 충전할 수 있는 곳이 있을까요?

Could I use your phone? 당신 전화기 좀 사용해도 될까요?

* Could I ~?는 Can I ~?보다 공손한 표현

Is there a public telephone near here?
이 근처에 공중전화가 있습니까?

Could you please take a picture of me?
제 사진 좀 찍어 주실래요?

Could you take a picture like this? 이렇게 찍어 주실 수 있겠어요?

Press this button, **please.** 이 버튼을 누르세요.

Can I take a picture of this place? 이곳 사진 찍어도 될까요?

Would you mind if I take a picture of you?
당신 사진 찍어도 괜찮을까요?

＊Would you mind if ~? : ~해도 괜찮을까요?

PLUS
물어보기 전에 Excuse me.로 주의를 환기시키는 게 좋겠지요? 대답을 들은 다음에
는 Thank you.로 마무리하는 것 잊지 마시고요.

거리의 각종 편의 시설
public toilet, public restroom 공중화장실
public (tele)phone 공중전화
bank 은행　　**ATM** 현금 인출기
pharmacy, drugstore 약국
convenience store 편의점

전화, 인터넷 관련 표현
charge one's phone 전화기를 충전하다
buy a SIM card 유심칩을 구입하다
borrow the phone 전화기를 빌리다
make an international call 국제전화를 걸다
have Internet access 인터넷에 접속하다
use Wi-Fi 와이파이를 사용하다

거리에서 2
Useful INFORMATION

해외에서 전화 이용하기

요즘은 대부분 스마트폰을 이용하는데, 스마트폰은 자동 로밍이 됩니다. 즉, 해외에 나가면 자동으로 로밍이 되어 전화를 걸고 받을 수 있습니다. 그렇더라도 국제 전화는 요금이 비싸므로 와이파이가 되는 곳에서 카카오톡 같은 메신저앱으로 통화를 하는 게 좋습니다. 로밍도 안 되고 인터넷도 쓸 수 없는 상황인데 전화를 걸어야 한다면 공중전화를 이용하거나 전화를 빌려서 거는 수밖에 없겠지요.

해외에서 인터넷 이용하기

해외에서 스마트폰으로 4G나 5G 데이터를 사용하면 데이터 요금이 너무 많이 나올 수 있습니다. 해외에서 인터넷을 이용할 때는 와이파이를 사용할 수 있는 곳을 찾아야 합니다. 공항, 호텔, 카페와 식당 등에서 와이파이를 사용할 수 있고, 간혹 도심의 거리에서 공공 와이파이를 사용할 수 있는 도시들도 있습니다.

> ## 여행을 도와주는 결정적 앱
>
> ### 랩텔 Rebtel
> 저렴한 비용에 국제 전화를 이용할 수 있는 앱입니다. 해외에서 한국으로, 한국에서 해외로 모두 통화가 가능합니다.
>
> ### OTO 무료 국제전화
> 한국에서 전 세계 대부분 국가에 무료로 전화를 걸 수 있는 무료 국제전화 앱입니다. 가입한 통신사 요금제의 부가통화 분수가 차감되는 방식으로, 잔여 부가통화 분수가 없으면 국내 통화료가 발생할 수 있지만 별도의 국제 전화 요금은 발생하지 않습니다.

영어 거리 표지판

Notice
알림, 공지

Restroom, Toilet
화장실

No Smoking Area
금연 구역

**Do Not Enter,
Keep Off,
No Trespassing**
출입 금지

Private Property
사유지

Danger
위험

Warning
경고

No Access
접근 불가

Dead End
막다른 길

Do Not Litter
쓰레기를 버리지 마시오

Ahead
앞에

Restricted Area
출입[통행] 제한 구역

Construction Work in Progress
건설 공사 진행 중

**All Activities Monitored by Video
Camera**
영상 촬영 중

↓ **Bakerloo line**

↓ **Piccadilly line**

↓ **Visitor Centre** ⊖ *i*

This entrance is closed after
00:20 Mondays to Thursdays
23:35 Sundays
The last exit to close is outside Lillywhites

Open for Night Tube on
Friday and Saturday nights

CHAPTER 6

sightseeing

MP3 039

관광할 때 1
SIGHTSEEING 1

여행지의 관광 안내소에서 다양한 관광 정보를 문의할 수 있습니다. 우선 관광 지도나 주요 관광지 정보가 담긴 소책자를 받을 수 있고, 관광지나 숙소를 추천해 달라고 할 수도 있지요. 교통편도 문의할 수 있습니다. 그 외에 관광지와 관광 방법, 서비스 이용법에 대해 다양한 질문을 하고 정보를 얻을 수 있습니다.

관광 정보 문의
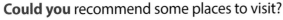

Do you have a city map? 시내 지도가 있나요?

Do you have a Korean brochure? 한국어 소책자가 있습니까?

* brochure, leaflet, pamphlet 모두 전단이나 소책자를 가리킵니다.

Could you recommend some places to visit?
방문할 만한 곳을 좀 추천해 주실 수 있겠어요?

Could you recommend any hotels?
호텔을 좀 추천해 주실래요?

Could you recommend any seafood restaurants?
해산물 식당 좀 추천해 주시겠어요?

Is there any place I can buy some souvenirs?
기념품을 살 수 있는 곳이 있을까요?

* souvenir : 관광지에서 살 수 있는 기념품

Is there a city tour bus in this city?
이 도시에 시티 투어 버스가 있나요?

What time does the museum open?
그 박물관은 몇 시에 문을 엽니까?

What is the fastest way to go to the airport?
공항으로 가는 가장 빠른 방법이 뭔가요?

관광 안내소 관련 표현

travel information center 관광 안내소
city map 시내 지도
tourist map 관광 지도
city tour 시티 투어
city tour bus 시티 투어 버스
tourist brochure[pamphlet, leaflet] 관광 안내 책자
travel guide 관광 가이드
guided tour 가이드 투어
audio guide 오디오 가이드
group tour 단체 투어
package tour 패키지 투어
souvenir (관광지 등에서 사는) 기념품

관광할 때 1

Useful INFORMATION

관광 안내소

어느 도시를 가든 공항, 기차역, 시내 중심가에는 관광 안내소가 있습니다. Tourist Information (Center)라고 쓰여 있고, 멀리서도 관광 안내소임을 알 수 있는 마크가 붙어 있지요. 관광 안내소에서는 현지 지도, 교통 정보, 숙박 정보 등 다양한 관광 정보를 제공하고, 관광 상품을 판매하기도 합니다. 여행지에 도착하면 가장 먼저 관광 안내소를 찾아가는 습관을 들이세요.

관광할 때 2
SIGHTSEEING 2

입장권 구입, 예약
입장권 변경, 환불

MP3 **040**

유적지나 박물관, 미술관, 기념관, 극장, 경기장 등을 이용하려면 대부분 입장권을 구입해야 합니다. 시티 투어나 박물관 가이드 투어 등을 이용하기 위해서도 미리 예약하거나 이용권을 구입해야 하죠. 입장권을 구입할 때, 그리고 취소하거나 변경/교환할 때는 영어로 말을 하지 않을 수 없습니다.

입장권 구입, 예약

Where can I buy a ticket?
입장권은 어디서 살 수 있죠?

How much is the ticket?
입장권은 얼마예요?

Two tickets, **please.**
표 두 장 주세요.

* 입장권은 간단히 ticket이라고 하면 됩니다. 비행기나 기차표도 ticket.

One adult and one child, **please.**
성인 한 장, 어린이 한 장요.

I have a discount voucher.
할인권이 있는데요.

I'd like to book a city night tour.
시내 야간 투어를 예약하고 싶습니다.

I'd like to buy a ticket for tonight's show.
오늘 밤 공연 입장권 한 장 주세요.

Can I choose the seat? 좌석을 선택할 수 있나요?

Can I cancel the ticket? 입장권 취소할 수 있나요?

Can I cancel the tour? 투어 취소할 수 있을까요?

Can I change this to tomorrow night's show?
이걸 내일 밤 공연으로 바꿀 수 있을까요?

* cancel : 취소하다 / change to ~ : ~로 변경하다 / exchange for ~ : ~로 교환하다

I booked it online. 인터넷으로 예약했어요.

Can I get a refund? 환불 받을 수 있나요?

Is there a cancellation fee? 취소 수수료가 있습니까?

PLUS
'~ 주세요'라는 표현인 '~, please.'와 '~(변경/취소)할 수 있을까요?'라는 표현인
'Can I ~?'가 핵심입니다.

입장권 구입, 변경, 환불 관련 표현

museum 박물관 **art museum, gallery** 미술관
movie, film 영화 **musical** 뮤지컬 **show** 공연, 쇼
ticket office[counter, booth] 매표소
buy a ticket 입장권을 구매하다 **admission (fee)** 입장료
student discount 학생 할인 **student ID** 학생증
book ~를 예약하다 **be sold out** 매진이다
cancel 취소하다 **cancellation** 취소 **cancellation fee** 취소 수수료
change to ~로 변경하다 **change fee** 변경 수수료
refund 환불, 환불하다 **get a refund** 환불 받다 **full refund** 전액 환불

관광할 때 2
Useful INFORMATION

입장권 할인 & 패스(pass)

노인, 소아, 학생에게 입장료를 할인해 주는 관광지가 많습니다. 이 경우 여권과 국제 학생증을 가지고 가서 할인을 받을 수 있습니다. 한편, '파리 뮤지엄 패스'처럼 한 도시의 박물관들을 모두 방문할 수 있는 할인권인 패스를 이용할 수도 있어요.

패스트트랙 입장권(Fast Track Tickets)

해외 유명 박물관과 미술관은 입장객 줄이 무척 긴 경우가 많습니다. 1시간 넘게 줄을 서는 경우도 있지요. 그래서 패스트트랙 입장권이라고 줄을 서지 않고 바로 입장할 수 있는 입장권을 따로 판매하기도 합니다.

브로드웨이(Broadway)와 웨스트엔드(West End)

뉴욕의 브로드웨이와 런던의 웨스트엔드는 세계적인 뮤지컬 명소입니다. 뉴욕이나 런던을 방문한다면 그곳들에서 뮤지컬 오리지널 공연을 보는 것도 좋습니다. 인기 있는 작품은 미리 예약을 해야 할 수 있으니 인터넷으로 확인해 보세요.
한편, 뉴욕에는 오프브로드웨이(Off Broadway)라고 외곽의 소극장 거리도 있습니다.

여행을 도와주는 결정적 앱

와그 WAUG

박물관이나 미술관 등 주요 관광지의 입장권과 공연 티켓, 교통수단, 레스토랑, 숙소, 투어 프로그램 등을 쉽게 구매할 수 있습니다. (할인된 가격에 구매할 수 있는 경우도 있습니다.)

관광할 때 3
SIGHTSEEING 3

관광지를 이용하면서는 관람 시간, 입구의 위치, 부대시설, 사진 촬영 등 여러 가지를 문의할 수 있습니다. 관광지를 방문하기 전에는 쉬는 날과 관람 시간을 확인해야 합니다. 유적지나 박물관, 미술관은 보통 일주일에 한 번 휴관합니다. 관광지 가운데에는 사진 촬영이 가능한 곳이 있고 불가능한 곳이 있습니다. 보통은 표시가 되어 있지만 그렇지 않은 경우 관계자에게 문의해야 합니다.

관광지 이용 문의

Where is the exit?
비상구가 어디죠?

Where is the restroom?
화장실이 어디인가요?

When is the museum closed?
박물관 휴관일은 언제인가요?

What time does the museum close?
박물관은 몇 시에 문을 닫습니까?

* When is ~ closed? : 언제 휴관하는지를 묻습니다.
　When[What time] does ~ close? : (하루 중) 언제[몇 시에] 운영을 끝내고 문을 닫는지를 묻습니다.

What time does the show start?
공연은 몇 시에 시작하죠?

* 구체적인 시간을 알고 싶을 때는 When보다는 What time으로 질문합니다.

Is this for children?
이것 아이들이 이용할 수 있어요?

Do you have a Korean audio guide?
한국어 오디오 가이드가 있나요?

Can I rent a bike here?
여기서 자전거를 빌릴 수 있어요?

When/Where should I return this?
이걸 언제/어디서 반납해야 하죠?

Which building is the museum?
어느 건물이 박물관이죠?

Do I have to buy the catalogue or is it free?
카탈로그를 사야 하나요 아니면 무료인가요?

Should I take off my shoes to enter the building?
그 건물에 들어가려면 신발을 벗어야 하나요?

How long is the show? 공연 시간은 얼마나 되나요?

* How much : 가격 / How many : 수 / How long : 기간 / How far : 거리

How can I use this audio guide?
이 오디오 가이드는 어떻게 사용하죠?

This audio guide isn't working.
이 오디오 가이드는 작동이 안 되네요.

사진 촬영 문의

Can I take a picture of this place?
여기 사진 찍어도 되나요?

Can I video-record here?
여기 동영상 촬영해도 돼요?

Can I use flash?
플래시 터뜨려도 되나요?

Could you please take a picture of me?
제 사진 좀 찍어 주실래요?

Please take a picture like this.
이렇게 찍어 주세요.

Press here, please.
여기를 누르시면 돼요.

> **PLUS**
> 관광지를 이용하면서는 언제(When), 어디서(Where), 몇 시에(What time), 얼마
> 동안(How long), 가격이 얼마(How much) 등 다양한 사항을 질문하게 됩니다. 다
> 양한 의문사를 잘 활용해서 질문합시다.

관광지 이용 관련 표현

tourist attraction 관광 명소   **historic site** 유적지
museum 박물관   **art museum, gallery** 미술관   **park** 공원
theme park 테마파크   **amusement park** 놀이공원, 유원지
guide 가이드   **audio guide** 오디오 가이드
entrance 입구   **way out** 출구   **exit** 비상구   **restroom** 화장실
information center 안내소   **brochure, leaflet, pamphlet** 소책자, 전단
snack bar 스낵바, 간이식당   **snack stand** 간식 가판대
souvenir shop 기념품 가게   **lost and found** 분실물 보관소
luggage storage 짐 보관소   **locker, coin locker** 개인 사물 보관함
visit 방문하다   **enter** 들어가다, 입장하다   **open** 열다, 개관하다
close 닫다, 폐관하다   **opening hours** 관람 시간   **closing day** 휴관일
rent 빌리다   **rental fee** 대여료   **rental shop** 대여점
return 반납하다   **take a picture** 사진 찍다

관광할 때 3
Useful INFORMATION

안내도 최대한 활용하기

유적지나 박물관, 미술관 등 관광지에 가면 우선 입구에서 안내도나 소책자를 챙기세요. 아니면 입구 근처에 붙어 있는 시설 안내도를 스마트폰으로 촬영해도 됩니다. 그렇게 안내도를 수시로 참고하면서 관광하는 게 좋습니다.

사진 촬영

관광지는 보통 사진 촬영이 가능한지 불가능한지가 표시되어 있습니다. 간혹 관광지 중 사진 촬영 가능 여부가 표시되어 있지 않은 곳에서는 관계자에게 사진을 찍어도 되느냐고 묻고 촬영하는 게 좋습니다. 식당이나 카페, 상점에서는 물론 주인에게 사진을 찍어도 되느냐고 물어야 합니다.

영어 관광 표지판

Tourist Information (Center)
관광 안내 (센터)

Tickets, Ticket Office, Box Office
매표소

Sold Out
매진

Adults 성인

Seniors (65 and Over)
노인 (65세 이상)

Entrance
입구

Way Out
출구

Exit
비상구

Luggage Storage
짐 보관

Stow Your Bags
가방을 넣어 두세요

Rest Area
휴게소

Lost and Found
분실물 보관소

No Entry, Do Not Enter
출입 금지

Authorized Personnel Only
관계자 외 출입 금지

No Photography,
No Photos,
Do Not Take a Photo
사진 촬영 금지

No Video Recording,
No Filming
영상 촬영 금지

No Flash
(카메라) 플래시 금지

No Food or Drink
음식물 반입 금지

Do Not Touch
만지지 마시오

Quiet Please
조용히 하시오

Caution!, Beware!
조심!

Wet Floor
바닥에 물기 있음

Do Not Feed the Animals
동물에게 먹이를 주지 마시오

Now Playing
상영 중인 작품

Out Of Order
고장

추천 박물관, 미술관

영국 박물관
(The British Museum, 영국 런던)

1753년에 설립된 세계 최초의 국립 박물관으로, 제국 주의 시대에 수집해 온 고대 이집트, 그리스, 로마, 중동 지역 유물 등 8백만여 점의 유물을 소장하고 있습니다.

내셔널 갤러리
(The National Gallery, 영국 런던)

영국 최대 규모의 미술관으로, 초기 르네상스 시대부터 19세기 후반까지의 명작을 골고루 소장하고 있습니다.

테이트 모던
(Tate Modern, 영국 런던)

이름처럼 1900년대부터 현재까지의 현대 미술품들을 소장하고 있습니다.

루브르 박물관
(Musée du Louvre, 프랑스 파리)

영국 박물관, 메트로폴리탄 미술관과 함께 세계 3대 박 물관 중 하나로, 고고학 유물, 중세 예술품, 르네상스 미 술품, 근대 미술품, 극동 지역 미술품 등을 방대하게 소 장하고 있습니다.

오르세 미술관
(Musée d'Orsay, 프랑스 파리)

19세기~20세기 초반 미술품을 다수 소장하고 있고, 고흐, 모네, 고갱 등 인상파 화가들의 작품으로 특히 유 명합니다.

메트로폴리탄 미술관
(Metropolitan Museum of Art, 미국 뉴욕)

1870년에 개관한 세계 3대 박물관 중 하나로, 전 시대, 세계 전 지역의 회화, 조각, 사진, 공예품 3백만여 점을 소장하고 있습니다.

국립 항공 우주 박물관
(National Air and Space Museum, 미국 워싱턴 D.C.)

항공기와 우주선 관련 전시물들을 소장하고 있는 박물 관 중 세계 최대 규모를 자랑합니다.

미국 자연사 박물관
(American Museum of Natural History, 미국 뉴욕)

자연과학 관련 모형과 탐사 장면 전시는 물론, 40만 권 이상의 장서를 소장하고 있고 연구와 교육의 중심지이기도 합니다. 영국 런던의 자연사 박물관과 함께 세계 최대 규모의 자연사 박물관.

뉴욕 현대 미술관
(Museum of Modern Art, 미국 뉴욕)

19세기 말부터 현대까지 미국과 유럽의 현대 미술품들을 폭넓게 소장하고 있습니다.

바티칸 박물관
(Musei Vaticani, 바티칸)

16세기에 교황 율리오 2세가 설립한 박물관으로, 수세기에 걸친 미술품들이 전시되어 있습니다.

우피치 미술관
(Galleria degli Uffizi, 이탈리아 피렌체)

보티첼리, 미켈란젤로, 다 빈치, 라파엘로, 카라바조 등 르네상스 시대 예술가들의 작품이 모여 있는 세계 최대의 르네상스 미술관.

베를린 박물관 섬
(Museumsinsel, 독일 베를린)

베를린의 중심을 흐르는 슈프레강에 있는 섬으로, 박물관 5개가 모여 있어 이렇게 불립니다. 1999년에 유네스코 세계유산에 등재되었습니다.

프라도 미술관
(Museo del Prado, 스페인 마드리드)

많은 수의 스페인 미술품과 이탈리아, 플랑드르 등 유럽의 다양한 미술품을 소장하고 있습니다. 스페인 회화를 가장 많이 소장하고 있는 박물관입니다.

암스테르담 국립 박물관
(Rijksmuseum Amsterdam, 네덜란드 암스테르담)

네덜란드를 대표하는 미술관으로, 페르메이르와 렘브란트 등의 작품을 보유한 17세기 네덜란드 회화의 메카.

한 번쯤 가 볼 만한
외국의 축제

미국

앨버커키 국제 열기구 축제
(Albuquerque International Balloon Fiesta)

미국 뉴멕시코주 앨버커키에서 매년 10월 초에 9일 동안 개최되는 세계 최대 규모의 열기구 축제.

독립기념일 불꽃 축제

미국의 독립기념일인 7월 4일, 미국 전역에서 독립을 기념하며 펼쳐지는 화려한 불꽃놀이.

영국

노팅힐 카니발 (Notting Hill Carnival)

런던 노팅힐 지역에서 매년 8월 마지막 주말에 열리는 카니발로, 유럽 최대의 거리 축제.

에든버러 인터내셔널 페스티벌
(Edinburgh International Festival)

스코틀랜드 에든버러에서 매년 8월에 3주간 열리는 세계 최대 규모의 공연 예술 축제.

독일

옥토버페스트 (Octoberfest)

독일 뮌헨에서 매년 9월 말~10월 초에 열리는 맥주 및 민속 축제.

이탈리아

베네치아 카니발 (Carnevale di Venezia)

이탈리아 베네치아에서 사순절 2주 전부터 열리는 카니발로, 화려한 가면과 옷을 입고 즐기는 가면 축제로 유명합니다.

프랑스

프랑스 혁명 기념일
(Fête Nationale Française, 바스티유 데이)

1789년 7월 14일 프랑스 혁명의 발단이 된 바스티유
습격을 기념하는 축제로, 음악회와 퍼레이드, 불꽃놀이
등이 펼쳐집니다.

오스트리아

잘츠부르크 페스티벌
(Salzburger Festspiele)

음악의 도시 오스트리아 잘츠부르크에서 매년 7월부터
8월 사이에 5~6주 동안 열리는 음악, 오페라, 연극 축제.

아일랜드

성 패트릭의 날 (St. Patrick's Day)

아일랜드에 기독교를 전파한 아일랜드의 수호성인 성
패트릭을 기념하기 위해 매년 3월 17일에 열리는 문화
및 종교 축제이자 민족 축제. 성 패트릭을 상징하는 녹
색으로 아일랜드 전역이 뒤덮입니다.

브라질

리우 카니발 (Carnaval do Rio de Janeiro)

매년 2월 말부터 3월 초에 4일간 브라질의 리우데자네
이루에서 열리는 축제. 화려한 삼바 퍼레이드로 특히
유명합니다.

오스트레일리아

비비드 시드니 (Vivid Sydney)

시드니에서 매년 5월~6월에 걸쳐 열리는 축제로, 빛,
음악, 아이디어라는 세 가지 주제로 화려한 조명쇼와
다양한 음악 공연이 개최됩니다.

CHAPTER 7

in the restaurant

해외에서 식당을 이용할 때 미리 전화로 예약을 하고 가는 경우도 있습니다. 그러려면 예약할 때 필요한 영어 표현을 알고 있어야겠죠.
식당에 가면 빈자리에 앉아서 메뉴판을 보고 바로 음식을 주문할 수도 있지만, 원하는 좌석이 있는지, 특정 메뉴가 있는지 질문해야 할 수 있습니다.

예약 전화하기

I'd like to make a reservation for tonight.
오늘 밤 예약하고 싶은데요.

I'm calling to make a reservation. 예약하려고 전화했습니다.

Three people for lunch tomorrow. 내일 점심 식사에 세 사람요.

I'd like to cancel my reservation. 예약을 취소하고 싶습니다.

I'd like to change my reservation. 예약을 변경하고 싶은데요.

Do I have to make a reservation to eat there?
거기서 식사하려면 예약해야 하나요?

* book = reserve = make a reservation for : 예약하다

식당 및 좌석 문의

Is there a Vietnamese restaurant near here?
근처에 베트남 식당이 있나요?

Is there a food court in this mall?
이 쇼핑몰에 푸드 코트가 있습니까?

Do you have a table for two? 두 사람 앉을 자리 있나요?

Do you have a table outside? 밖에 자리 있나요?

Can we sit over there? 저쪽에 앉을 수 있을까요?

Should I put my name on the waiting list?
대기 명단에 이름을 올려 두어야 하나요?

How long do we have to wait? 얼마나 기다려야 할까요?

Do we have to wait outside? 밖에서 기다려야 하나요?

메뉴 문의

Can I see the menu? 메뉴판 좀 볼 수 있을까요?

What do you recommend? 추천하시는 메뉴가 뭐예요?

Which one is less spicy? 어느 게 덜 매워요?

Which one is low in calories? 어느 게 칼로리가 낮아요?

PLUS
이런 말을 들을 수 있어요.
(For) how many people? (예약 전화했을 때) 몇 분 예약하시려고요?
What time would you like? 몇 시로 예약하실래요?
How many in your party? (식당에서 좌석 문의했을 때) 몇 분이세요?
Sorry, we're full. 죄송하지만 자리가 없습니다.

식당 예약 관련 표현
book, reserve, make a reservation for ~를 예약하다
table for ~ ~인(人) 테이블
inside 안에, 실내에   **outside** 밖에, 실외에
non-smoking table[section] 금연석[구역]
waiting list 대기 명단

식당에서 1
Useful INFORMATION

여행을 도와주는 결정적 앱

트립어드바이저 Tripadvisor

전 세계 식당, 숙소 등의 정보를 제공하고
예약이 가능한 앱

오픈 테이블 OpenTable

전 세계 식당 예약 앱

식당에서 2
IN THE RESTAURANT 2

메뉴를 골랐으면 주문을 해야겠죠. 바로 어떤 음식을 달라고 할 수도 있고, 조리 상태나 맛에 대해 세부적인 주문을 할 수도 있습니다. 그 밖에 어떤 재료를 빼 달라거나, 물이나 냅킨, 접시, 포크 등을 더 달라는 등의 서비스를 부탁할 수도 있습니다.

주문하기

패스트푸드점, 카페

A cheese burger meal, please.
치즈버거 세트 하나 주세요.

* meal : 햄버거 세트를 영어로는 meal이라고 합니다.

I'd like one BigMac meal.
빅맥 세트 하나 주세요.

Can I have number 1 with Sprite?
1번 세트 스프라이트(사이다)로 주세요.

To go, **please.**
포장해 주세요.

One iced Americano, **please.**
아이스 아메리카노 한 잔 주세요.

일반 식당

I'd like to order now.
지금 주문할게요.

Just a minute, please. **I'm** still think**ing.**
잠깐만요. 아직 생각 중이에요.

One steak and one pasta, **please**.
스테이크 하나랑 파스타 하나 주세요.

I'd like pork rib.
포크립으로 할게요.

I'll have tomato pasta.
토마토 파스타 먹을게요.

Well-done, **please**.
웰던으로 부탁합니다(충분히 익혀 주세요).

Not too spicy, **please**.
너무 맵지 않게 해 주세요.

I'd like the yolk fully cooked.
노른자는 충분히 익혀 주세요.

I'd like to get this to go.
이거 포장해 주세요.

* get 음식 to go : ∼(음식)을 테이크아웃하다
* takeout : (미국) 테이크아웃 음식이나 식당, 테이크아웃하는 ∼
  take-away : (영국) 테이크아웃 음식이나 식당, 테이크아웃하는 ∼

서비스 부탁

Could you please leave out the shrimp?
I'm allergic to shrimp.
새우는 빼 주실 수 있나요? 제가 새우에 알레르기가 있어서요.

* be allergic to ∼ : ∼에 알레르기가 있다

How can I eat this?
이건 어떻게 먹죠?

More water, **please**.
물 좀 더 주세요.

Could you refill the drink?
음료 리필해 주실 수 있나요?

* refill : 리필하다

Do you have chopsticks?
젓가락 있으세요?

Could you bring me a plate?
접시 좀 하나 갖다 주실래요?

Could you bring me some napkins?
냅킨 좀 주실 수 있나요?

I need a fork.
포크가 필요해요.

Could you wrap this up?
이거 포장해 주실 수 있나요?

* wrap ~ up : (음식을) 포장하다, 싸 주다

Where is the restroom?
화장실은 어디인가요?

PLUS
- 식당이나 커피숍에서 음식을 주문할 때 직원이 "For here or to go?"라고 물을 수 있습니다. 그럴 때 식당에서 먹고 갈 거면 "For here, please."나 "It's for here."이라고 말하면 되고, 테이크아웃할 거라면 "To go, please."나 "It's to go." 라고 대답하면 됩니다.
- 종업원이 "Are you ready to order(주문할 준비되셨어요)?"라고 질문했을 때, 준비가 된 경우에는 "Yes, please."라고 대답한 후 앞에서 소개한 표현들로 주문하면 됩니다. 준비가 안 됐다면 "Just a moment."나 "Can we have a little more time to think?"라고 말한 후 준비가 됐을 때 "I'd like to order now."라고 말하고 주문합니다.

주문 관련 표현

order 주문하다   **pick up** (주문한 음료나 음식을) 받다
share 같이 먹다   **get ~ to go** ~을 테이크아웃하다
refill 리필하다   **wrap ~ up** (음식을) 포장하다, 싸 주다

식당에서 음식의 조리 상태나 맛이 만족스럽지 않을 수도 있습니다. 아니면 음식이 너무 늦게 나온다거나, 주문하지 않은 음식이 나온다거나 하는 일이 있을 수도 있죠. 그럴 때 불만을 표현해야 할 수 있습니다. 음식을 다 먹고 나서 계산을 할 때도 현금으로 할지 카드로 할지, 여러 명이 먹은 경우 계산을 각자 할지 등에 대해 말해야 하고, 할인 쿠폰이 있다거나 하는 말을 해야 할 수도 있습니다.

불만 사항 표현

This is burnt.
이거 탔네요.

It's too cold.
너무 차가워요.

I think this went bad.
이거 상한 것 같은데요.

My food hasn't come out yet.
제 음식이 아직 안 나왔어요.

How much longer do I have to wait?
얼마나 더 기다려야 하죠?

* How much longer ~? : 얼마나 더 오래 ~?

This is not what I ordered.
이건 제가 주문한 게 아닌데요.

* what+주어+동사 : 주어가 ~한 것

This fork is not clean.
이 포크가 깨끗하지 않네요.

계산

Can I have the bill, please?
계산서 주실래요?

Can I pay now?
지금 계산해도 되나요?

Can I pay by credit card?
신용카드로 계산할 수 있어요?

We'd like separate bills.
계산 따로 할게요.

I have this coupon. **Can I** use it?
이 쿠폰이 있는데요. 쓸 수 있을까요?

Receipt, please.
영수증 주세요.

음식 상태 관련 표현
overcooked 너무 익힌 **undercooked** 덜 익힌 **burnt** 탄
salty 짠 **spicy** 매운 **cold** 차가운 **went bad** 상했다
smell bad 냄새가 이상하다

계산 관련 표현
bill (식당의) 계산서 **pay by[with] cash/card** 현금/카드로 계산하다
separate bills 계산을 따로 하는 것 **receipt** 영수증

식당에서 3
Useful INFORMATION

서양의 팁 문화 – 식당

- 미국 : 패스트푸드점을 제외한 식당에서 종업원에게 팁을 주는 것이 필수입니다. 대략 음식 값의 15~20% 정도를 주면 되는데, 현금으로 줄 때는 탁자에 팁을 놓고 오면 되고, 신용카드로 팁까지 계산할 때는 카드로 음식 값을 계산한 후 받은 영수증 가운데 Restaurant Copy에 팁 금액과 총금액을 적어 두고 오면 됩니다.
- 캐나다 : 음식 값의 10~15%를 서비스 만족도에 따라 팁으로 주는 것이 필수입니다.
- 호주, 뉴질랜드 : 팁 문화가 일반적이지 않고, 거스름돈을 팁으로 줄 수는 있습니다.
- 영국 : 팁 문화가 미국, 캐나다처럼 절대적이지는 않고, 종업원이 와서 주문을 받는 식당의 경우 음식 값의 10% 정도를 팁으로 줍니다.
- 그 외 유럽 : 팁 문화가 절대적이지는 않고, 상황에 따라 음식 값의 10% 정도를 줄 수 있습니다.

음식 관련 영단어

MP3 **045**

주요 음식 메뉴

식사

appetizer 전채 요리, 애피타이저	**main dish** 주요리
side dish 주요리에 곁들여 내는 요리, 반찬	**dessert** 후식, 디저트
salad 샐러드　**meat** 고기 요리　**seafood** 해산물 요리	
pasta 파스타　**noodles** 면류　**pizza** 피자　**burger** 버거	

빵, 과자

(plain) bread 식빵　　**pastry** 페이스트리　　**doughnut** 도넛
bagel 베이글　　　　**sponge cake** 스펀지케이크
sandwich 샌드위치　　**toast** 토스트　　　　**cookie** 쿠키, 과자
meal (버거) 세트　　　**fries** 감자튀김

음료, 주류

beverage, drink 음료　　**hot drink** 뜨거운 음료　　**cold drink** 차가운 음료
soft drink, soda 청량음료, 탄산음료　　**sparkling water** 탄산수
Sprite 스프라이트(사이다)　**Coke** 콜라　　**diet Coke** 다이어트 콜라
orange/apple/grape juice 오렌지/사과/포도주스
brewed coffee 원두커피　　　**instant coffee** 인스턴트커피
iced 냉동한, 차가운, 얼음이 들어간　**decaffeinated** 디카페인의
hot chocolate 핫 초콜릿, 코코아　**herbal tea** 허브차
green tea 녹차　　　**black tea** 홍차
red wine 적포도주　　**white wine** 백포도주　　**draft beer** 생맥주
non-alcoholic drink 비알코올성 음료　　**alcoholic drink** 알코올성 음료
liquor 독한 술

과일

apple 사과	**pear** 배	**orange** 오렌지
strawberry 딸기	**grape** 포도	**peach** 복숭아
watermelon 수박	**mandarin** 감귤	**persimmon** 감
apricot 살구	**plum** 자두	**grapefruit** 그레이프프루트, 자몽
kiwi fruit 키위	**pomegranate** 석류	**fig** 무화과
jujube, date 대추	**raisin** 건포도	

요리 재료

육류

beef 쇠고기　　**pork** 돼지고기　　**lamb** 새끼 양고기　**mutton** 다 자란 양고기
poultry 가금류　**chicken** 닭고기　　**duck** 오리고기　　**turkey** 칠면조 고기

어패류

cod 대구   **salmon** 연어   **herring** 청어   **anchovy** 멸치
sardine 정어리   **tuna** 참치   **squid** 오징어   **octopus** 문어
oyster 굴   **crab** 게   **lobster** 바닷가재, 랍스터   **shrimp** 새우
clam 조개   **mussel** 홍합

채소

cabbage 양배추   **potato** 감자   **carrot** 당근   **onion** 양파
mushroom 버섯   **pumpkin** 호박   **cucumber** 오이   **spinach** 시금치

조리법

여러 조리 방법

steamed 찐   **fried** 튀긴   **baked** 오븐에 구운
grilled (그릴, 석쇠에) 구운   **seasoned** 양념을 한   **dried** 말린

스테이크 익힌 정도

살짝 익힌 rare → medium rare → medium
→ medium well → well-done **잘 익힌**

달걀

fried egg 달걀 프라이   **sunny side up** 한쪽 면만 익힌 반숙 달걀 프라이
scrambled egg 스크램블드 에그   **boiled egg** 삶은 달걀

맛

spicy 매운   **salty** 짠   **sweet** 단   **sour** 신   **bitter** 쓴

양념

salt 소금   **pepper** 후추   **olive oil** 올리브유   **garlic** 마늘
red pepper 고추   **sugar** 설탕   **dressing** 드레싱   **soy sauce** 간장

식기

plate 접시   **bowl** 사발   **tray** 쟁반   **pot** 냄비
fork 포크   **knife** 칼   **spoon** 숟가락   **chopstick** 젓가락
glass 유리잔   **cup** 컵   **mug** 머그(잔)

영어 식당 표지판

Open / Closed 영업 중 / 영업 종료

Pull / Push 당기시오 / 미시오

Please Wait to Be Seated
기다리시면 자리 안내해 드립니다

Reserved 예약석

Order Here 여기서 주문하시오

Please Pay First 선불 부탁드립니다

Pick Up 음식, 음료 받는 곳

Signature Dish 간판 요리, 대표 메뉴

Happy Hour 해피 아워(할인 시간)

Today's Special 오늘의 특선 요리

No Soliciting 잡상인 출입 금지

No Loitering 불필요하게 오래 머물지 말 것

Drive Thru 드라이브스루
차에 탄 채 주문하고 음식을 받는
패스트푸드 식당이나 커피숍

NO BYO(Bring Your Own)
술을 가지고 오면 안 됩니다

CHAPTER 8

쇼핑할 때

shopping

쇼핑할 때 1
SHOPPING 1

상점 찾기
물건 찾기
물건 고르기

MP3 046

해외여행의 필수 코스 중 하나가 쇼핑입니다. 현지 특산품이나 기념품을 구입하기도 하고, 그 나라에서만 만날 수 있는 스타일의 의류나 액세서리를 구입하기도 합니다. 쇼핑을 하려면 먼저 시장이나 백화점, 상점이 어디 있는지 알아야겠죠. 그리고 상점에 가면 원하는 물건이 있는지 물어봐야 합니다.

상점 찾기

Is there a market around here? 이 근처에 시장이 있나요?

Is there a department store near here?
근처에 백화점이 있을까요?

* department, section : 백화점의 코너

Where's the shoe department? 신발 코너는 어디죠?

What time do you close? 몇 시에 문 닫으세요?

Do you know where the shoe section is?
신발 코너가 어디인지 아세요?

물건 찾기

Do you have[sell] umbrellas? 우산 있나요?

Do you have a bigger size? 더 큰 사이즈 있어요?

Do you have a new one? 새것 있나요?

Do you have three of these? 이것 세 개 있어요?

Where are the picture postcards? 그림엽서는 어디 있죠?

Where can I buy vitamins? 비타민은 어디서 살 수 있을까요?

Could you find this dress for me?
이 원피스 좀 찾아 주실 수 있겠어요?

Can I try this on? 이거 입어 봐도[신어 봐도/써 봐도] 되나요?

Can I try a smaller one?
더 작은 것 입어 볼[신어 볼/써 볼] 수 있을까요?

Which one is cheaper? 어느 게 더 싸죠?

Which one is the most popular? 어느 게 제일 인기 있어요?

Is this for girls? 이거 여자아이들 건가요?

Where is the fitting room? 탈의실이 어디인가요?

I'm just looking. 그냥 구경하는 거예요.

물건 고르기

I'm size 12. 저는 12사이즈예요.

I'm medium. 저는 미디엄 사이즈예요.

This is a little small for me. 이건 저한테 좀 작네요.

That's what I'm looking for. 저게 제가 찾는 거예요.

PLUS
상점에서 어떤 물건을 파는지 물을 때, Do you have ~? 외에 Do you sell ~?이
라고 해도 됩니다.

다양한 상점들

market 시장   **night market** 야시장   **flea market** 벼룩시장
department store 백화점   **shopping mall** 쇼핑몰
outlet mall 아울렛 몰   **clothing store** 옷 가게   **shoe store** 신발 가게
souvenir shop 기념품 가게   **accessories shop** 액세서리 가게

쇼핑 관련 표현

try ~ on ~을 입어 보다, 신어 보다, 써 보다
item 품목   **fitting room** 탈의실   **another one** 다른 것
expensive 비싼   **cheap** 싼, 저렴한

쇼핑할 때 1

Useful INFORMATION

해외 시장 구경

외국에 여행을 가면 보통 현지 특산품이나 기념품 등을 쇼핑하게 되지요. 백화점이나 쇼핑몰 외에 재래시장을 둘러보면 쇼핑은 물론 현지인들의 생활상을 생생하게 엿볼 수 있는 재미도 있습니다. 상설 시장 외에 아침에만 열리는 아침 시장이나 밤에 열리는 야시장도 있습니다. 아침 시장에서는 주로 채소, 과일, 생선, 빵 등 식품을 판매하고, 야시장에서는 각종 상품 외에 다양한 먹을거리도 많이 판매하니 현지 음식을 맛보고 싶다면 야시장을 놓치지 마세요.

쇼핑할 때 2
SHOPPING 2

물건을 구입하기 전에 가격을 물어봐야 할 때가 있고, 가격을 흥정해야 하는 경우도 있습니다. 백화점이나 쇼핑몰에서는 그럴 일이 없지만, 시장에서는 가격을 묻고 흥정을 해야 할 때가 있죠. 물건을 구매할 때는 지불 방법을 묻거나, 영수증을 요청하거나, 선물용 포장을 부탁해야 할 수 있습니다. 또한 구매한 물건을 교환하거나 반품, 환불하는 경우도 있을 수 있습니다.

가격 문의, 흥정

How much is this? 이거 얼마예요?

It's too expensive. 너무 비싸요.

Can I get a discount? 좀 깎아 주실 수 있어요?

Could you give me a discount? 할인해 주실 수 있어요?

If I pay by cash, **can I** get a discount?
현금 내면 할인 받을 수 있나요?

Is this on sale? 이것 할인 중인가요?

* be on sale : 판매 중이다, 할인 중이다

Can I get this duty-free? 이거 면세로 살 수 있습니까?

Can I get a tax refund? 세금 환급 받을 수 있을까요?

구매

I'm taking this. 이거 살게요. / **I'll take it**. 그거 살게요.

Give me five of these. 이거 다섯 개 주세요.

I'll pay by cash. 현금으로 계산할게요.

Can I pay by credit card? 신용카드로 계산할 수 있나요?

I don't have any cash with me. 수중에 현금이 없어요.

Receipt, **please.** 영수증 주세요.

Could you gift-wrap this? 이거 선물 포장해 주실 수 있어요?

Please wrap them separately. 따로따로 포장해 주세요.

I need a paper bag. 종이 가방이 필요합니다.

교환, 환불

I'd like to exchange this. 이거 교환하고 싶어요.

Can I exchange this for a bigger size?
이거 더 큰 치수로 교환할 수 있을까요?

I'd like to return this. 이거 반품하고 싶어요.

Can I get a refund? 환불 받을 수 있나요?

구매, 교환, 환불 관련 표현
buy, take, purchase 사다, 구입하다　**price** 가격　**price tag** 가격표
discount 할인　**get a discount** 할인 받다
give a discount 할인해 주다　**discount coupon** 할인 쿠폰
cheap (값이) 싼　**expensive** (값이) 비싼　**in total** 모두 합해서
pay 돈을 내다, 지불하다　**cash** 현금　**credit card** 신용카드
pay in installments 할부로 사다　**buy duty-free** 면세로 구입하다
tax refund 세금 환급　**receipt** 영수증
plastic bag 비닐봉지　**shopping bag** 쇼핑백　**paper bag** 종이 가방
wrap 포장하다　**gift-wrap** 선물용으로 포장하다
bubble wrap 뽁뽁이, 공기 쿠션 포장재
exchange 교환하다　**return** 반품하다　**get a refund** 환불하다, 환불 받다
refund 환불　**full refund** 전액 환불

쇼핑할 때 2
Useful INFORMATION

흥정하기

시장에서 물건을 살 때는 가격을 흥정해 보는 것도 나쁘지 않습니다. 터무니없이 많이 깎는 것은 안 좋지만, 관광객 대상으로는 바가지요금이 존재하는 것도 사실이니, 흥정이 필수인 나라에서는 물건 값을 깎아서 구매하는 것도 현명한 소비일 것입니다.

물건 구매 – 현금이냐 카드냐

해외에서 신용카드를 사용하는 것은 왠지 꺼려지기도 합니다. 그리고 우리나라와 달리 신용카드를 쓸 수 있는 곳이 제한적인 나라들도 적지 않습니다. 그러나 카드 종류에 따라, 그리고 국가의 환전 수수료에 따라 현금보다 신용카드를 쓰는 것이 더 유리한 나라도 있을 수 있으니 잘 알아보고 결정하세요.

선물 포장 부탁

wrap은 '포장하다', gift-wrap은 '선물용으로 포장하다'라는 뜻입니다. 선물 포장을 부탁할 때는 Could you gift-wrap this?, Please gift-wrap it. 등으로 말하면 됩니다.

교환 및 환불

교환이나 환불이 불가한 경우도 있으니 물건을 구매할 때는 교환 및 환불 가능 여부를 꼭 확인하세요. 교환/환불이 가능한 경우에도 며칠 이내에 가능한지 조건을 확인해야 합니다. 아울러 영수증은 반드시 필요하니 꼭 챙겨 두세요.

영어 쇼핑 표지판

Open / Closed
영업 중 / 영업 종료

Sale, Price Down
할인

Clearance Sale
창고 정리 세일

50% off 50퍼센트 할인

Buy 1 Get 1 Free
하나 사면 하나 무료

Cashier 계산대

Cash Only
현금만 가능

We DON'T Accept Checks
수표는 받지 않습니다

No Refunds / No Returns
환불 불가 / 반품 불가

No Exchanges
교환 불가

Please Return Shopping Cart Here
쇼핑카트는 여기에 반납하세요

No Food Or Drinks Are Allowed
음식이나 음료 반입 금지

Tax Is Included / Excluded
세금 포함 / 불포함

Fitting Room
탈의실

의류, 신발, 잡화 영단어

MP3 **048**

의류

shirt 셔츠   **T-shirt** 티셔츠   **blouse** 블라우스
sweatshirt 맨투맨 티   **hoody** 모자 달린 옷   **sweater** 스웨터
cardigan 카디건   **vest** 조끼   **jacket** 재킷
coat 외투, 코트   **padding** 패딩   **suit** 정장
dress 원피스   **skirt** 치마   **pants** 바지
jeans 청바지   **shorts** 반바지
training suit, sportswear 운동복   **pajamas** 잠옷
socks 양말   **underwear** 속옷   **bra** 브래지어
panties (여성, 어린이용) 팬티   **underpants** (남성용) 팬티
boxer shorts (남성용) 사각팬티

신발

sneakers 운동화   **running shoes** 운동화, 러닝화
high heels 하이힐   **pumps** 펌프스
wedge heels 웨지힐   **loafers** 로퍼
sandals 샌들   **boots** 부츠, 장화 (**rain boots** 레인부츠)
flip-flops 고무 슬리퍼, 샌들   **slippers** 실내화

잡화, 장신구

hat 모자   **cap** 앞에 챙이 달린 모자
scarf 스카프   **muffler** 머플러, 목도리
shawl 숄   **gloves** 장갑
belt 허리띠   **handkerchief** 손수건
suitcase 여행 가방   **briefcase** 서류 가방
backpack 배낭   **canvas tote bag** 에코백
shoulder bag 숄더백   **tote bag** 토트백
handbag 핸드백   **purse, wallet** 지갑
umbrella 우산   **parasol** 양산
glasses, spectacles 안경   **sunglasses** 선글라스
watch 손목시계   **hair pin** 머리핀
hair tie 머리끈   **hair band** 머리띠
jewelry 보석류, 장신구   **necklace** 목걸이
bracelet 팔찌   **earrings** 귀걸이
ring 반지   **brooch** 브로치

CHAPTER 9

위급 상황에 1
위급 상황 전반에, 몸이 아프거나 다쳤을 때

위급 상황에 2
물건을 분실했을 때,
길을 잃거나 교통편에 문제가 생겼을 때

▶ 영어 위급 상황 표지판

위급 상황에

emergency

위급 상황에 1
EMERGENCY 1

해외에서 여러 가지 위급 상황을 만날 수 있습니다. 몸이 아프거나, 어딘가 다치거나, 물건을 도둑맞거나 잃어버리거나, 여러 위급 상황에서 두루 쓸 수 있는 말들을 우선 알아봅니다. 그리고 대표적인 위급 상황인 몸이 아프거나 다쳤을 때 약국이나 병원에서 꼭 필요한 영어 표현을 알아봅니다.

위급 상황 전반에

Could you help me? 저 좀 도와주실래요?

May I use your phone? 전화 좀 써도 될까요?

Is there anyone who can speak English?
영어 할 줄 아는 분 계세요?

Could you call a taxi for me? 택시 좀 불러 주실래요?

Where is the nearest police station?
가장 가까운 경찰서가 어디죠?

Please call the police. 경찰 좀 불러 주세요.

몸이 아프거나 다쳤을 때

Do you have any painkillers? 혹시 진통제 있나요?

Where is the nearest pharmacy/hospital?
제일 가까운 약국/병원이 어디죠?

Please call an ambulance. 구급차 좀 불러 주세요.

I need to take my medicine. 저 약 먹어야 해요.

I have a stomachache. 배가 아파요.

I feel like throwing up. 토할 것 같아요.

I have a fever. 열이 나요.

I have hurt my leg. 다리를 다쳤어요.

I sprained my ankle. 발목을 삐었어요.

I was hit[run over] by a car. 차에 치였습니다.

질병, 부상 관련 표현

be sick[ill] 아프다　have pain in ~, ~ ache ~가 아프다
patient 환자　symptom 증상　disease 질병
have a fever 열이 있다　have a cold/flu 감기/독감에 걸렸다
have a sore throat 목이 아프다　cough 기침하다　sneeze 재채기하다
have a runny nose 콧물이 나다　feel dizzy 어지럽다
have a headache/stomachache/toothache/backache
머리/배/치아/허리가 아프다
throw up 토하다　have[get, suffer from] indigestion 소화가 안 되다
have diarrhea 설사하다　be allergic to ~ ~에 알레르기가 있다
have[get, suffer from] motion sickness 멀미하다
take one's temperature 체온을 재다　thermometer 체온계
call 911 911에 전화하다　call an ambulance 구급차를 부르다
do CPR 심폐소생술을 실시하다　fall down 넘어지다
bleed 피를 흘리다　sprain one's ankle 발목을 삐다

약 관련 단어

pharmacy 약국　drugstore 화장품, 생필품도 함께 파는 약국
medicine 약, 의학, 의술, 의료　pill 알약　capsule 캡슐
painkiller 진통제　fever reducer 해열제　Tylenol 타이레놀
cold medicine 감기약　digestive medicine 소화제
bandage 붕대　band aid 밴드, 반창고
antidiarrhea 지사제　first aid kit 구급상자

위급 상황에 1

Useful INFORMATION

영사 콜센터 (외교부)

+82-2-3210-0404
해외에서 발생한 각종 재난, 사건, 사고 상담과 영어, 중국어, 일본어 등 7개 국어에 대한 통역 서비스 제공. 365일 24시간 운영.

재외국민 119 응급의료상담 서비스 (소방청)

+82-44-320-0119
현지 병원 도착 전까지 단순 응급 처치 상담

해외환자이송 서비스 (대한응급의학회)

+82-2-3676-1333, 카카오톡 플러스 친구 okems119
실시간 의료 상담, 대한응급의학회 소속 전문의가 현지로 의사를 파견해 국내 이송을 도움

해외에서 병원을 이용할 때

해외에서 병원에 갈 때는 여권을 꼭 지참해야 합니다. 그리고 가능한 한 큰 병원으로 가는 게 좋습니다. 통역 등 외국인 환자를 위한 시스템이 갖춰져 있기 때문이죠. 아울러 해외여행자보험을 들었다면 퇴원할 때 필요한 서류(진단서, 진료내역서, 진료비 영수증, 약제비 영수증)를 꼭 받아와야 합니다.
구급차를 이용할 때는 별도의 요금을 내야 할 수 있으니 심한 경우가 아니라면 택시를 이용하는 게 낫습니다.

해외여행자보험

• 보장 : 해외여행 중 목숨을 잃었을 때, 아프거나 다쳐서 병원을 이용했을 때, 물건을 잃어버리거나 도난당했을 때, 귀국 후 보험금을 받을 수 있습니다.
• 가입 방법 : 출국 전에 인터넷으로 미리 가입할 수 있고, 출국일에 인천공항에서 가입할 수도 있습니다(출국 후에는 가입 불가).
• 가입 가능 연령 : 보통 만 80세까지이나, 상품에 따라 차이가 있을 수 있습니다.
• 보험료 : 몇천 원 수준(가입 기간이 짧기 때문).
• 보상 청구에 필요한 서류 : 진단서, 진료내역서, 진료비 영수증, 약제비 영수증, 도난 증명서, 현지 경찰 확인서 등

각 나라의 응급 전화번호

• 미국, 캐나다, 멕시코 : 911
• EU 가입국 : 112
• 영국 : 999
• 호주 : 000
• 일본, 대만 : 119
• 중국 : 120

여행을 도와주는 결정적 앱

해외안전여행 국민외교

외교부에서 운영하는 앱으로, 현지 실시간 안전 정보, 국가별 여행 정보, 여행 전 점검 사항, 위기 상황별 대처 매뉴얼, 신속 해외 송금 등의 서비스를 제공합니다.

영사콜센터 무료전화

외교부에서 운영하는 무료 전화 앱으로, 해외에서 사건이나 사고가 발생했을 때, 긴급하게 통역 서비스가 필요할 때 이 앱을 통해 영사의 상담관과 통화할 수 있습니다. 안드로이드 7.0 이상에서만 지원됩니다.

위급 상황에 2
EMERGENCY 2

몸이 아프거나 다쳤을 때 외에 해외에서 만날 수 있는 위급 상황으로는 물건을 분실하거나 도난당했을 때, 길을 잃었을 때, 차량이나 비행기를 놓쳤을 때 등이 있을 것입니다. 이런 상황에서 쓸 수 있는 표현도 잘 기억해 두었다가 활용하도록 합시다.

물건을 분실했을 때 – 주변에 도움 요청

Do you know where the lost and found is?
분실물 센터가 어디인지 아세요?

Where should I report it?
어디에 신고해야 하죠?

I'd like to report a theft.
도난 건을 신고하고 싶은데요.

I'd like to call the Korean embassy.
한국 대사관에 전화하고 싶습니다.

물건을 분실했을 때 – 경찰서에서

I've lost my smartphone/passport.
스마트폰/여권을 잃어버렸어요.

I've got my wallet stolen.
지갑을 도둑맞았어요.

Somebody used my credit card.
누가 내 신용카드를 사용했어요.

I left it on the train.
기차에 놓고 내렸어요.

길을 잃었을 때

Where am I?
여기가 어디죠?

I think I'm lost.
제가 길을 잃은 것 같은데요.

Google Maps is in error. / There is a problem with Google Maps. 구글맵이 오류가 났어요.

I'm looking for the Hyatt Hotel.
하얏트 호텔을 찾고 있습니다.

Could you show me the way to Hotel Marigold?
메리골드 호텔로 가는 길 좀 알려 주실래요?

교통편에 문제가 생겼을 때

I missed my train/bus/flight.
기차/버스/비행기를 놓쳤어요.

When is the next bus?
다음 버스는 언제 오나요?

I want a ticket for the next train.
다음 기차 승차권을 사려고요.

분실, 도난 관련 표현

wallet 지갑   **purse** 지갑, 핸드백   **passport** 여권
be[get] stolen 도둑맞다   **pickpocket** 소매치기
be pickpocketed 소매치기를 당하다   **theft** 절도
have lost 잃어버리다   **lost and found** 분실물 보관소
police station 경찰서   **police report** 경찰 신고서
Korean embassy 한국 대사관   **reissue** (여권 등을) 재발급하다

Useful INFORMATION

여권을 잃어버렸을 때

해외에서 여권을 잃어버리면 바로 경찰서에 신고한 후 한국 대사관이나 영사관에 연락해서 재발급 받아야 합니다. 이를 위해 미리 여권을 복사해 두거나 스마트폰에 사진을 찍어 두는 게 좋습니다.

• 현지 경찰서에 신고 : police report(여권 분실 증명서) 작성
• 한국 대사관/영사관에 여권 정지 및 재발급 신청 : police report, 여권 사진 2장, 여권 사본이
  나 주민등록증
* 외교부 영사 콜센터 : 82-2-3210-0404 (대처 방법 등 문의, 365일 24시간 운영)

신용카드를 잃어버렸을 때

긴급 서비스 센터에 신고한 후 대체 카드를 발급받을 수 있습니다. 귀국 후에는 새로운 카드를 발급받아야 합니다.

물건을 도난당했을 때

현지 경찰서에서 police report(경찰 신고서)를 작성한 후(반드시 'stolen'으로 작성) 귀국하여 해외여행자보험에 청구합니다.

비행기를 놓쳤을 때

체크인 후 자신의 잘못으로 비행기를 놓쳤을 때는 수수료를 물고 다음 항공편을 이용하거나 새 항공권을 구매해서 이용해야 합니다. (항공권 구매 계약 조건이 비행기를 놓쳤을 때 수수료를 내고 다음 비행편의 빈자리에 탑승할 수 있는 경우가 있습니다.)
비행기를 경유하려던 중 항공기의 연착, 입국 심사 지체로 비행기를 놓쳤을 때는 해당 항공사에게 다른 항공편을 요청할 수 있습니다.

영어 위급 상황 표지판

Danger
위험

First Aid Station
응급 치료소

First Aid Kit
구급함

Fire Alarm
화재경보기

Fire Exit
화재 시 비상구

Fire Extinguisher
소화기

No Unauthorized Access
관계자 외 접근 금지

Lost and Found
분실물 보관소

No Swimming
수영 금지

Mind Your Head
머리 조심

CHAPTER 10

외국에서 출국할 때 1
출국편 변경, 공항 시설 문의, 출국 수속

외국에서 출국할 때 2
보안 검색, 면세점 쇼핑

▶ 영어 출국 표지판

외국에서 출국할 때
leaving

외국에서 출국할 때 1
LEAVING 1

출국편 변경
공항 시설 문의
출국 수속

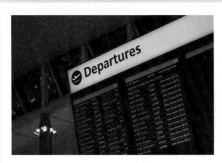

여행을 마치면 해당 나라에서 출국을 합니다. 공항에서 출국하면서 여행을 마무리하게 되지요. 공항에서 출국 수속을 할 때 필요한 영어 표현들이 있습니다. 공항 내 시설들의 위치나 이용법을 문의할 수도 있지요.
한편, 사전에 출국 항공편을 변경해야 할 때도 있습니다. 대개 항공사에 전화를 걸어 변경하게 됩니다.

출국편 변경

I'd like to change my flight.
항공편을 변경하고 싶어서요.

I'd like to leave on the 7th of November.
11월 7일에 출발하고 싶습니다.

* I'd like to leave on ~ = I'd like to take the flight on ~

Is there a change fee? 변경 수수료가 있나요?

My reservation number is 7654321.
예약번호는 7654321입니다.

* reservation number = itinerary number : 항공권 예약번호

공항 시설 문의

Where is Gate 3? 3번 게이트[탑승구]는 어디죠?

Where can I exchange money? 환전은 어디서 할 수 있나요?

Where can I use Wi-Fi? 와이파이는 어디서 사용할 수 있습니까?

Is there any place I can charge my phone?
전화기를 충전할 수 있는 곳이 있나요?

The self check-in machine **isn't working**.
셀프 체크인 기계가 작동이 안 돼요.

출국 수속

Here's my ticket. 항공권 여기 있습니다.

I'd like a window seat. 창가 자리로 주세요.

Can I have an aisle seat? 복도 쪽 자리 받을 수 있을까요?

Can I carry this with me? /
Can I take this (with me) on the plane?
이거 갖고 탈 수 있을까요?

How many bags can I check in? 가방은 몇 개나 부칠 수 있죠?

How much is the extra charge? 추가 요금은 얼마예요?

* extra charge(추가 요금) : 여러 상황에서 쓰일 수 있는 단어지만, 출국 수속 시의
  extra charge는 보통 체크인하는 짐의 개수나 무게가 규정을 초과할 때 지불해야 하는
  요금을 말합니다.

What time do I have to get to the gate?
탑승구에 몇 시까지 가야 하나요?

> 공항, 출국 관련 표현
> **flight** 비행기, 항공편   **change** 변경하다   **cancel** 취소하다
> **seat** 좌석   **window seat** 창가 좌석   **aisle seat** 복도 쪽 좌석
> **check in** 체크인하다(짐을 부치다)   **baggage, luggage** 짐
> **suitcase** 여행용 가방   **weight limit** 무게 제한   **extra charge** 추가 요금
> **earn airline miles** 마일리지를 적립하다   **departure** 출발
> **leave** 떠나다, 출발하다   **boarding** 탑승   **boarding time** 탑승 시각
> **boarding pass** 탑승권   **(boarding) gate** 탑승구
> **lounge** 라운지, 휴게실   **be delayed** 지연되다, 연발하다

외국에서 출국할 때 1
Useful INFORMATION

수하물 규정

비행기를 탈 때 부칠 수 있는 짐이 몇 개이며 무게 제한은 어떻게 되는지, 기내에 들고 탈 수 있는 짐은 몇 개이며 무게 제한은 어떠한지를 미리 확인해야 합니다. 항공사마다, 항공권 등급에 따라 다르므로 각자 확인해야 합니다.

위탁 수하물 금지 품목 (기내 반입 가능)

노트북, 카메라, 휴대폰 등 전자제품, 의약품, 화폐, 보석 등 귀중품, 파손되기 쉬운 물품, 미화 2,500달러를 초과하는 고가품

기내 반입 및 위탁 수하물 금지 품목

인화성 물질(페인트, 라이터 연료), 부탄가스캔, 산소캔, 총기, 폭죽, 방사성 물질, 독성 물질, 전염성 물질, 리튬배터리 장착 전동휠, 소화기, 드라이아이스

외국에서 출국할 때 2
LEAVING 2

공항의 체크인 카운터에서 체크인을 한 후에는 보안 검색과 출국 심사를 합니다. 보안 검색과 출국 심사는 말을 하지 않고도 진행할 수 있지만, 몇 가지 말을 주고받아야 할 때도 있습니다. 보안 검색을 마치고 출국 심사까지 끝나면 탑승장(면세 구역)으로 가게 되는데, 탑승장으로 가는 길에 면세점들이 있습니다. 면세점에서 쇼핑을 할 때도 필요한 영어 표현들이 있겠죠?

보안 검색

Do I have to take this off? 이걸 벗어야 하나요?

* take off : 옷/모자/신발을 벗다

Do I have to throw this away? 이건 버려야 하나요?

* throw away : 버리다

I'm wearing a pace maker. 저는 인공 심장 박동기를 달고 있어요.

* pace maker : 인공 심장 박동기. 자석을 피해야 해서 공항의 보안 검색대를 통과할 수 없습니다.

I'm pregnant. 저는 임신 중이에요.

면세점 쇼핑

Do you have this lipstick?
(자기 립스틱을 가리키며) 이 립스틱 있나요?

Do you have multi vitamins? 종합비타민제 있습니까?

How much is this? 이건 얼마예요?

Can I pay in Euros? 유로로 지불할 수 있을까요?

Can I use this discount coupon?
이 할인 쿠폰 사용할 수 있을까요?

외국에서 출국할 때 2
Useful INFORMATION

보안 검색

재킷이나 점퍼, 코트 등 외투, 모자, 선글라스, 허리띠, 기내용 짐 등을 바구니에 넣어 검색대로 보내고, 검색 요원의 안내에 따라 검색대를 통과합니다. 신발을 벗어야 하는 경우도 있습니다. 임신부나 인공 심장 박동기(pace maker)를 이식한 환자는 그 사실을 검색 요원에게 말한 후 검색대를 통과하지 말고 검색 요원에게 직접 검사를 받습니다.

제한적 기내 반입 가능 품목

• 화장품(액체류) : 개별 용기당 100㎖ 이하, 1인당 총 1ℓ 용량 비닐 지퍼백 1개
• 의약품 : 처방전 등 관련 증명서 제시

기내 반입 금지 품목

칼류, 총기류, 스포츠용품류, 무신호술용품, 공구류

면세점 쇼핑

면세점에서 물건을 구매할 때는 여권과 항공권을 제시해야 합니다. 현지 화폐의 잔돈이 남았을 때 면세점에서 저렴한 물건이나 먹을 것을 사는 것도 좋습니다. 탑승 30분 전까지는 탑승구(게이트)로 이동해야 하니, 면세점에서 시간을 보내다 늦지 않도록 주의하세요.

영어 출국 표지판

International Departures
국제선 출발

Terminal
터미널

Check In / Check-In Counter
체크인 / 체크인 카운터

Check-In Open
탑승 수속 중

Last Check-In
탑승 수속 마감 임박

Go To Gate
탑승구로 가시오

Boarding
탑승 중

On-Time
정각 출발

Delayed
지연

Cancelled
결항

Security Check
보안 검색

Immigration
입출국 심사, 출입국 관리(소)

Duty-Free
면세(점)

Gate
탑승구(게이트)

Final Call
마지막 탑승 안내 방송 중

Gate Closing
탑승 마감

PLUS α

부록

1 여행에 필요한 기본 단어들

1) 수

	1	2	3	4	5
기수	one	two	three	four	five
서수	first	second	third	fourth	fifth
	6	**7**	**8**	**9**	**10**
기수	six	seven	eight	nine	ten
서수	sixth	seventh	eighth	ninth	tenth
	11	**12**	**13**	**14**	**15**
기수	eleven	twelve	thirteen	fourteen	fifteen
서수	eleventh	twelfth	thirteenth	fourteenth	fifteenth
	16	**17**	**18**	**19**	**20**
기수	sixteen	seventeen	eighteen	nineteen	twenty
서수	sixteenth	seventeenth	eighteenth	nineteenth	twentieth
	21	**22**	**23**	**24**	**25**
기수	twenty one	twenty two	twenty three	twenty four	twenty five
서수	twenty first	twenty second	twenty third	twenty fourth	twenty fifth
	30	**40**	**50**	**60**	**70**
기수	thirty	forty	fifty	sixty	seventy
서수	thirtieth	fortieth	fiftieth	sixtieth	seventieth
	80	**90**	**100**	**1000**	**10000**
기수	eighty	ninety	one hundred	one thousand	ten thousand
서수	eightieth	ninetieth	one hundredth	one thousandth	ten thousandth

2) 월

1월 January	2월 February	3월 March
4월 April	5월 May	6월 June
7월 July	8월 August	9월 September
10월 October	11월 November	12월 December

3) 요일

월요일 Monday	화요일 Tuesday	수요일 Wednesday
목요일 Thursday	금요일 Friday	토요일 Saturday
일요일 Sunday		

4) 방향

오른쪽 right	왼쪽 left		
동 east	서 west	남 south	북 north
여기 here	저기, 거기 there	저쪽에 over there	

5) 날씨

맑은 sunny, fine	흐린 cloudy	바람 부는 windy
비 오는 rainy	눈 오는 snowy	안개 낀 foggy
따뜻한 warm	더운 hot	추운 cold

6) 색

흰색 white	검은색 black	빨강색 red
주황색 orange	노랑색 yellow	녹색 green
하늘색 sky blue	파랑색 blue	남색 navy
보라색 violet	자주색 purple	베이지색 beige
아이보리색 ivory	회색 gray	

7) 형태

큰 big, large	작은 small, little	아주 작은 tiny	
넓은 wide	좁은 narrow	높은 high	낮은 low
둥근 round	사각형의 square	삼각형의 triangle	
오각형의 pentagon	마름모꼴의 diamond	원형의 circle	

2 숫자 읽는 법

1) 날짜

• '월–일' 순서로 읽고, 일은 서수로 읽습니다.

2월 6일 : February sixth

10월 23일 : October twenty third

1일 : first	2일 : second	3일 : third
4일 : fourth	5일 : fifth	6일 : sixth
7일 : seventh	8일 : eighth	9일 : ninth
10일 : tenth	11일 : eleventh	12일 : twelfth
13일 : thirteenth	14일 : fourteenth	15일 : fifteenth
16일 : sixteenth	17일 : seventeenth	18일 : eighteenth
19일 : nineteenth	20일 : twentieth	21일 : twenty first
22일 : twenty second	23일 : twenty third	24일 : twenty fourth
25일 : twenty fifth	26일 : twenty sixth	27일 : twenty seventh
28일 : twenty eighth	29일 : twenty ninth	30일 : thirtieth
31일 : thirty first		

2) 시간

- '시'와 '분'을 따로 기수로 읽습니다.

1시 8분 : one o eight
11시 24분 : eleven twenty four

- 오전이면 a.m.을, 오후면 p.m.을 뒤에 붙여 주면 더 정확해집니다.

오전 7시 30분 : seven thirty a.m.
오후 5시 17분 : five seventeen p.m.

- to를 써서 '~분 전'을 나타낼 수 있습니다.

4시 5분 전 : five to four
12시 10분 전 : ten to twelve

3) 가격

- 액수가 2를 넘을 경우 dollar, cent, Euro, pound 등 화폐 단위 뒤에 -s를 붙입니다.

5달러 99센트 : five dollars ninety nine cents
(단위를 생략하고 five, ninety nine이라고 읽기도 합니다.)

25유로 : twenty five Euros
120파운드 : one hundred and twenty pounds

4) 전화번호

- 숫자를 따로따로 하나씩 읽고 0은 '오'로 읽습니다(zero로 읽어도 됩니다).
- 단위에 따라 끊어 읽습니다.

82-02-987-6543 : eighty two, zero[o]-two, nine-eight-seven, six-five-four-three
010-8765-4321 : zero[o]-one-zero[o], eight-seven-six-five, four-three-two-one

5) 객실 번호

- 세 자리 객실 번호는 숫자를 순서대로 각각 읽습니다.

902호 : room nine o two
315호 : room three one five

• 네 자리 객실 번호는 두 자리씩 묶어서 읽습니다.

1004호 : room ten o four
1710호 : room seventeen ten

6) 항공편 번호

• 세 자리 숫자는 각각 따로 읽고, 네 자리 숫자는 각각 따로 읽거나 두 자리씩 묶어서 읽습니다.

AZ498 : AZ four nine eight
FL1228 : FL one two two eight / FL twelve twenty eight

3

여행 영어 사전
INDEX 색인 찾아보기

C

D

E

F

G

U

V

W

etc.

Let's travel around the world to recharge our lives.

Traveling heals everything!